MARTIN MALIRSCH

FRAGILE DEMOKRATIE IN SCHIEFLAGE

GESTÖRTER GESELLSCHAFTLICHER ZUSAMMENHALT

Entfremdungsgefühle und Vertrauensverlust

Martin Malirsch

FRAGILE DEMOKRATIE IN SCHIEFLAGE

GESTÖRTER
GESELLSCHAFTLICHER ZUSAMMENHALT

Entfremdungsgefühle und
Vertrauensverlust

Für alle Enkel der Boomgeneration

Bibliografische Information der Deutschen Nationalbibliothek:
Die Deutsche Nationalbibliothek verzeichnet diese Publikation in der Deutschen Nationalbibliografie; detaillierte bibliografische Daten sind im Internet über http://portal.dnb.de abrufbar.

Aus Gründen der leichteren Lesbarkeit wird im vorliegenden Text die gewohnte männliche Sprachform bei personenbezogenen Substantiven und Pronomen verwendet. Dies impliziert jedoch keine Benachteiligung des weiblichen oder diversen Geschlechts, sondern soll im Sinne der sprachlichen Vereinfachung als geschlechtsneutral zu verstehen sein.

ISBN 978-3-96103-771-1

www.rediroma-verlag.de
7,95 Euro (D)

Autor

Martin Malirsch, Jahrgang 1944, ab 1967 Lehrtätigkeit Kunst/Visuelle Kommunikation, Gesellschaftslehre. Ausbildung von Lehrkräften im Referendariat, Ausbildung und Betreuung von Lehramtsstudierenden in Schulpraktischen Studien bis 2016.

Bisherige Veröffentlichungen im Rediroma-Verlag

- POLARISIERUNGS-TENDENZEN
- in EMOTIONALISIERTEN GESELLSCHAFTEN. 2019
- Erodierende Mitte – erstarkende Ränder
- RESSOURCENQUELLE GEHIRN
- Wirkmächtige Beeinflussung
- des Bewusstseins, 2018
- SOCIETY 5.0 Die ultrasmarte Gesellschaft Der Geist aus der Flasche, 2017
- Europäisches Projekt im Dilemmamodus |Verwerfungen durch Vielfachkrisen, 2016
- Digitale Netzwerkgesellschaft | Realutopische Szenarien zur Zukunftsfähigkeit, 2015
- Hegemoniale Weltumordnung |Globalisierungsinduzierte Erosionen, 2014
- Big Data | Büchse der Pandora, 2013
- Wertebildungsprozesse in der Marktgesellschaft, 2013
- Kerngeschäft Unterricht | Akzentuierte Bestandsaufnahme der Paradigmenwechsel, 2013

INHALT

Alle Macht geht vom Volke aus. Aber wo geht sie hin?

BERTOLT BRECHT

0. VORWORT

Die Demokratie als Regierungs- und Lebensform erfordert vom Individuum wie von den Gesellschaften große Anstrengungen, Engagement und Zuversicht, mehr als andere, bekannte Systeme. Werte wie Freiheit, Gleichheit, Gerechtigkeit, Solidarität und Friedfertigkeit müssen immer wieder mit Verstand und Empathie mühsam erworben werden.
Transformationen parlamentarischer Demokratien schleichen sich- oft erst spät wahrgenommen- in Richtung autoritärer Systeme.
Sich ausschließlich Kapitalinteressen verpflichtende Organisationen schaffen suprastaatliche Strukturen, die sich zusehends der demokratischen Kontrolle entziehen.
Eine mächtige Herrschaftsoligarchie kann sich hinter der Fassade der parlamentarischen Demokratie etablierten, die im Sinne eigener Interessen und mit breiter Medienunterstützung die wichtigsten politischen Weichenstellungen zu steuern versucht.
Es gibt keine ideelle Alternative zur neoliberalen Marktwirtschaft und der marktkonformen Demokratie, soziale Ungleichheiten werden durch das Wirtschaftswachstum, dem Gemeinwohl dienend, überwunden, so das Credo der politischen Repräsentanten. Diese Eliten wüssten, was für die Gesellschaft gut sei, besser als der Bürger selbst.
Demokratie ist jedoch nicht nur Verfassungsanspruch und Regierungsform, sondern versteht sich

auch als sich stets verändernde Gesellschafts- und Lebensform.

Akzeptanz und Wille zur Demokratisierung in den globalen Gesellschaften schwinden, es entstehen, schleichend wie gewaltsam, populistische, rechtsextreme bis fundamentalistische Machtstrukturen, die sich nicht mehr nur an den Rändern der Gesellschaften etablieren, sondern bis in deren Mitte ausgreifen.

Die Demokratie ist angesichts globaler Krisen, die sich immer deutlicher auf innenpolitische Fragen auswirken, mehr denn je gefordert: Ihre Legitimität und Effektivität werden kritisch hinterfragt, wachsende Unmutsbekundungen nehmen populistische Züge an. Trotz aller Herausforderungen wie u. a. Politikverdrossenheit, Rechtspopulismus und die Akzeptanz autoritär regierter Staaten, stellen sich Demokraten mit rechtsstaatlichen Mitteln den Erosionsprozessen und zunehmend gewaltförmigen Austragungen von Konflikten.

Das Abgleiten von Demokratien in dirigistische Systeme, in unfreie, illiberale Demokratien (Ungarn, Polen, Türkei, USA) sollte Mahnung und Ansporn sein, gerade in Zeiten der Unsicherheit, hervorgerufen u. a. durch Klimawandel, Terrorismus und Migration, sich für die pluralistische, freiheitliche, rechtsstaatliche Regierungsform zu engagieren.

Demokratie und Marktwirtschaft, Liberalisierung und Emanzipation, sowie Wissensgesellschaft und Pluralisierung der Lebensstile sind Leitbegriffe einer auf die Zukunft ausgerichteten demokratischen Gesellschaft.

Taiwan zeigte der Welt, wie sehr es seinen freien und demokratischen Lebensstil zu schätzen wusste. Bei der Präsidentenwahl 2019 wurde die Peking-kritische Amtsinhaberin, die 63-jährige Präsidentin Tsai Ing-wen, wieder gewählt, offenbar verschreckt durch das Vorgehen der chinatreuen Regierung in Hongkong gegen die dortige Demokratiebewegung.

Als ein Triumph für das Protestlager und ein Desaster für die Regierung wird das Ergebnis der Bezirksratswahl[1] in Hongkong gewertet. Die Opposition ist auf die Straße gegangen und hat ihren Standpunkt laut und deutlich bekräftigt. „Das ist die Macht der Demokratie, das ist ein demokratischer Tsunami, so Tommy Cheung Studentenführer. Die Protestbewegung hat mit der Wahl ein demokratisches Mandat erhalten. Das gibt den tragenden Parteien die Möglichkeit, den Konflikt von der Straße in die politischen Institutionen zurückzuführen, so schwach und fragil die in Hongkong auch sind.

---

[1] Gut 90 Prozent der Sitze und 17 von 18 Bezirksräten gingen an die Opposition, bei einer Wahlbeteiligung von über 70 Prozent. Hongkongs Regierung und Peking sprachen zuvor immer von einer „schweigenden Mehrheit"

Die Demokratie ist die schlechteste Staatsform, ausgenommen all diese anderen, die man von Zeit zu Zeit ausprobiert hat.

Winston Churchill (1874-1965)

1. STAATSFORM DEMOKRATIE

Mit der Digitalisierung erlebt die Gesellschaft einen radikalen Kurswechsel:
Der Raum des gemeinsamen, kommunikativen Handelns zerfällt im Internet in individuelle Privaträume, in Blogs und soziale Medien. Abnehmender Diskurs in der Öffentlichkeit verhindert zusehends emphatische Gemeinschaftsbildung und deswegen wird auch der Zerfall des öffentlichen Raumes als Krise der Demokratie interpretiert. Ist in einer vom digitalen Medium beherrschten Zukunft die repräsentative Demokratie erneuerungsbedürftig? Demokratie ohne Öffentlichkeit, ohne kommunikatives Handeln, ohne „Wir"?
Die moderne liberale Demokratie hat ein grundsätzliches Problem: Sie bietet wirtschaftlichen Erfolg, Sicherheit und Freiheit. Aber der Wunsch nach Anerkennung in der Gemeinschaft und Identität ist ein tiefes Bedürfnis der Menschen und trägt wesentlich stärker zur Demokratisierung bei als der alleinige kapitalistische Aufstieg. Die liberale Demokratie kann deswegen kein stabiler Endzustand sein, sie schafft Ungleichheiten, bringt Gewinner und Verlierer hervor.
In unserem demokratischen Gemeinwesen zeichnet sich eine wahrnehmbare Entwicklung zu einem wachsenden Anspruch auf stärkere direkte Bürgerbeteiligung ab. Das etablierte repräsentative, parlamentarische, nationalstaatlich und föderal organisierte politische System hat hier noch

Nachholbedarf im Blick auf die veränderte Gesellschaft.
Demokratie als polemischer Gegenbegriff zum Sozialismus, ungehindert instrumentalisiert von der bürgerlichen Propaganda, verliert an Überzeugung. Ein neuer Dankanstoß jedoch lebt wieder auf.
Im Spiegel-Gespräch von Christoph Hickmann und Veit Medick am 10.01.2020 mit SPD-Chefin Saskia Esken erklärt sie die positive gesellschaftliche Vision vom demokratischen Sozialismus. „ ... die Vision einer freien, gerechten und solidarischen Gesellschaft, deren Verwirklichung für uns eine dauernde Aufgabe ist. Das ist also ein Zielbild, so wie unsere Grundwerte Freiheit, Solidarität, Gerechtigkeit.“ Mit Hinweis auf weitergehende Gestaltungsmöglichkeiten des Kapitalismus, um die Freiheitsrechte des Einzelnen zu bewahren, seien im Grundgesetz sowohl Enteignung als auch Vergesellschaftung denkbare Mittel, die dem Staat und der Gesellschaft an die Hand gegeben werden, um den verantwortlichen Umgang mit Eigentum und sozialer Verantwortung zu gewährleisten; beispielsweise Versorgung mit bezahlbarem Wohnraum, Versorgung mit Wasser und Strom, notwendiger Netzausbau als elementare Infrastruktur für das öffentliche Leben.

Ein Wesensmerkmal moderner Demokratien ist die Anerkennung von Pluralismus und sein positiver Umgang auch hinsichtlich politischer Einstellungen und Sichtweisen. Wenn ein signifi-

kanter Teil der Gesellschaft Kernprinzipien der Demokratie ablehnt, gerät der demokratisch gewollte Pluralismus an seine Grenzen.
Voranschreitende Polarisierung scheint eine Destabilisierung der Demokratien zu bewirken: Radikalisierung der Mitte und galoppierendes Misstrauen gegenüber den demokratischen Eliten. Auf Online-Plattformen manipulieren professionelle Trolle und manipulierende Bots mittels extremer und reißerischer Inhalte, persönlicher Angriffe und teilweise absurden Behauptungen die Internetnutzer.
Zu Ereignissen jedweder Art werden in sozialen Medien in Windeseile Position bzw. Gegenposition bezogen, in der Sache ungesichert, lückenhaft und oft weitgehend subjektiv in der Einordnung.
Mit der Größe der Ereignisse korrespondiert die Wirkmächtigkeit der neuen Erstinformation. „Praecox-News“ oder „vorzeitiger Nachrichtenerguss“, so die Wortschöpfung von Sascha Lobo. Als politisches Instrument prägen „Praecox-News“ mit hoher Dynamik einflussreich und nachhaltig die Wahrnehmung. „Praecox-News“ - neue Kategorie von Fake News- können mithilfe von sozialen Medien im besonderen Maß hinsichtlich zielgerichteter Propaganda missbraucht werden.

Viele Menschen verinnerlichen das Narrativ der Demokratiekrise zunehmend, droht es zur sich selbsterfüllenden Prophezeiung zu werden?

Zur angeblich Verbesserung der Demokratie zielen autoritär-populistischer Kräfte, radikal antidemokratische Überzeugungen auf die Meinungsfreiheit, die Pressefreiheit, die richterliche Unabhängigkeit und die Unversehrtheit demokratischer Institutionen und Normen ab.
Feststellungen über eine funktionierende Demokratie werden kaum kommuniziert, antidemokratische Angriffe durch politische Akteure hingegen erfahren eine hohe mediale Aufmerksamkeit, sie sind „unterhaltsamer". Extreme und reißerische Inhalte werden auf Online-Plattformen sehr viel häufiger angeklickt und geteilt.

„ Statt um feindsinnige Ausgrenzung geht es um eine kooperative Abgrenzung, die auch unterschiedliche Werte toleriert. Nicht allein die Herstellung von Konsens, sondern der Umgang mit Dissens macht eine Demokratie stark und resilient gegenüber Krisen “.

Matthias Horx

2. Krise der Demokratie im Epochenwandel

Die liberalen Demokratien des Westens scheinen ein Auslaufmodell zu sein. 29 Jahre nach Ende des Kalten Krieges- eine Systemkonfrontation zwischen Kapitalismus und Kommunismus- befindet sich das liberale Ordnungsmodell der westlichen Welt in der Krise. Beide Seiten machten bis dahin in einer gefährlichen Konfrontation politischen, wirtschaftlichen, technischen und militärischen Einfluss geltend, um im Systemwettstreit das andere Lager jeweils weltweit zurückzudrängen. Francis Fukuyama[2] glaubte nach dem Ende des Ostblocks an den endgültigen Sieg unserer Demokratien und verkündete das „Ende der Geschichte".

Der Kapitalismus, gepaart mit einer rechtsstaatlichen Demokratie, erschien ihm nicht nur als Sieger im Kalten Krieg, sondern die optimale und endgültige Staatsform: Das westliche Gesellschaftsmodell liberaler kapitalistischer Demokratien sei dem Staatssozialismus überlegen, so seine Überzeugung.

---

[2] Francis Fukuyama gilt als liberaler Vordenker; weltweit Furore machte er mit seinem 1992 veröffentlichten Buch „Das Ende der Geschichte". Spätestens im Zerfall der kommunistischen Diktaturen glaubte er, den systemischen Sieg der liberalen Demokratien ausmachen zu können.

Im öffentlichen Diskurs wird aber zunehmend eine Bedrohung der Demokratie wahrgenommen, denn die liberale Demokratie habe kein Monopol mehr auf den Wohlstandsanspruch durch den Kapitalismus. So seien autoritär geführte Staaten anscheinend besser für die Herausforderungen der Zukunft gewappnet als die liberalen kapitalistischen Demokratien.

Wirtschaftlicher Erfolg- zum Beispiel China - gelingt auch ohne demokratische Regierung im westlichen Sinn. Funktioniert der Kapitalismus besser dort, wo weniger Mitspracherecht und gesellschaftliche Diskussionskultur herrschen -einer Kombination von Kapitalismus und autoritärem Nationalismus?

Autoritär und sachkundig regierende kapitalistische Eliten erscheinen in hohem Maße zustimmungsfähig und folglich eine besonders bedrohliche Gefahr für die Demokratie zu sein.

Mächtige Einflussnahmen auf die öffentliche Meinungsbildung lassen kritische Stimmen verstummen.

Von außen kommende Herausforderungen der westlich-liberalen Welt waren bisher im Kalten Krieg der Sozialismus, in den 1990er und 2000er Jahren dann zunächst das aufstrebende China und später der politische Islam.

Mit einer neuen Weltordnung, der Globalisierung, entstehen Herausforderungen von innen. Populisten gewinnen zunehmend Einfluss und auch Wahlen. Akteure des Rechtspopulismus mobilisieren

Wählerschichten, die sich als Verlierer der Globalisierung empfinden.

Im Zeitalter des digitalen Wandels bestimmen Social-Media-Influencer, was richtig oder falsch ist, gut oder schlecht ist. Eine neue Gruppe populistischer Führer akzeptieren kaum noch die Rechtsstaatlichkeit (Donald Trump, Boris Johnson Recep Tayyip Erdoğan, Viktor Mihály Orbán, Andrzej Sebastian Duda, Jair Bolsonaro u. a.).

In Europa droht ein Abgesang der Demokratie: Großbritannien, Ungarn, Polen oder Italien fliehen in den Alleingang. Polen beschneidet massiv die Unabhängigkeit der Richter, die nationalkonservative ungarische Regierung ist im Begriff mit einer Justizreform den Pfad der Rechtsstaatlichkeit zu verlassen. Weder Druck aus Brüssel noch wiederholte Massenproteste im eigenen Land lassen die Regierungen von ihren Verstößen gegen europäisches Recht abhalten.

Die EU erweist sich als handlungsunfähig oder nicht willens, diesem Schleichweg in den Autoritarismus Einhalt zu gebieten. Auch andere Regierungen könnten sich daher ermuntert fühlen, die verbindlichen Rechtsnormen der europäischen Gemeinschaft nach ihrem eigenen nationalistischen Vorteil zu verbiegen.

Der Glauben an globale Solidarität und fairem Miteinander schwindet.

Weltweit befindet sich die Demokratie auf dem Rückzug, demokratisch verfasste Staaten

sehen sich zunehmend mit autokratischen Systemen konfrontiert: Bürgerrechte werden beschnit-

ten, rechtsstaatliche Standards umgangen und politische Freiheiten eingeschränkt.
Gleichzeitig gerät die soziale Dimension der Demokratie zunehmend unter Druck: Arbeitsbeziehungen, Tarifverträge, wohlfahrtsstaatliche Einrichtungen unterliegen innerhalb demokratischer Staatsformen einer schleichenden Entdemokratisierung.[3]
Sachthemen werden weitgehend zwischen Lobbyisten und Parteien ausgehandelt, anstelle von Expertenkreisen und Betroffenen, die sich nicht anerkannt fühlen; Eliten ignorierten Befindlichkeiten ihrer Bürger, die zu wenig aktiv in den Meinungsbildungsprozess einbezogen werden.
Das Vertrauen, das Zusammengehörigkeitsgefühl und das Gefühl der Teilhabe scheinen untergraben zu werden, wesentliche Voraussetzung aber für eine intakte Demokratie.
Öffentlichkeit findet immer seltener im tatsächlichen realen Raum statt, sondern verlagert sich mehr und mehr in die sozialen Netzwerke des Internets, um mit Gleichgesinnten eigene Meinung bestätigt zu bekommen. Fake-News und Halbwahrheiten werden zu neuen Wahrheiten, die in das eigene Weltbild passen.
Die Dialogfähigkeit der bürgerlichen Mitte verliert ihre gelebte Solidarität nach innen und außen.

Obwohl in den vergangenen Jahrzehnten die liberale Gesellschaft globaler, individualisierter, digi-

---

[3] Vgl. „Demokratie“, Bertelsmann-Stiftung 2018

taler und vielfältiger geworden ist, hat sich die Demokratie diesen Veränderungen nur unzureichend angepasst. Anwachsende Vertrauens- und Akzeptanzverluste auf Seiten der Bürger sind die Folge, was wiederum eine Polarisierung der Gesellschaft mit zunehmender sozialer Spaltung auslöst. Konfliktpotenzial zwischen Modernisierungsskeptikern und -befürwortern begünstigt das Entstehen populistischer Bewegungen, sie hemmen demokratische Gestaltungsmöglichkeiten.
Einer fortschreitenden drohenden sozialen Spaltung entgegenzuwirken, müssen mehr demokratische Teilhabemöglichkeiten einer engagierten Zivilgesellschaft gefordert und geschaffen werden.

Mit der Digitalisierung entstehen aber Partikularöffentlichkeiten über soziale Medien, über verschiedene Blogs, über verschiedene Gruppen, die sich im Internet treffen.
Demokratie setzt jedoch weitgehend einen gemeinsamen Kommunikationsraum voraus, ein gewisser Konformismus wie in den analogen („alten“) Medien – Konsens und Dissens gleichermaßen artikulierend. Die Folge sehr partikularisierter Interessen ist eine zersplitterte Gesellschaft und damit die Zersplitterung der Parteienlandschaft.
Mit der stetig wachsenden Macht globaler Konzerne wie Facebook, Google und Amazon gewinnen demokratische Prozesse und Strukturen neue Deutungshoheiten. Der Beginn einer neuen digitalen Demokratie löst die traditionelle analoge Demokratie ab.

Demokratische Instanzen und Beziehungen erleben eine schleichend fortschreitende innere Aushöhlung rechtstaatlicher Grundlagen bei gleichzeitiger Bewahrung ihrer äußeren Formen.
Antidemokratische Entwürfe offenbaren sich insbesondere durch populistische Inszenierungen unter anderem in den Social Medien, Talkshows, Kundgebungen usw. Lobbygruppen und Massenmedien gewinnen an Einfluss und starke Führungspersönlichkeiten vereinnahmen das Vertrauen verunsicherter oder empörter Bürger, deren Präferenzen missachtet oder ihre emotionalen Befindlichkeiten missbraucht werden.
Politikwissenschaftler sehen angesichts zunehmender sowohl verbaler als auch körperlicher Angriffe das demokratische Zusammenleben in Deutschland bedroht und befürchten die zunehmend erkennbaren Indikatoren für eine illiberale Demokratie.

„Es kommt nicht so sehr darauf an, dass die Demokratie nach ihrer ursprünglichen Idee funktioniert, sondern, dass sie von der Bevölkerung als funktionierend empfunden wird.“

Rudolf Augstein

3. ILLIBERALE DEMOKRATIE

Der politische Liberalismus hebt die Verschiedenheit der Menschen hervor, die zentrale Idee des Individualismus bildet die ideale Grundlage für ein demokratisches System; in diesem sollen unterschiedliche Sichtweisen nebeneinander bestehen dürfen, jedem Menschen sollte die größtmögliche individuelle Freiheit zukommen. Die Ausübung der eigenen Freiheitsrechte endet da, wo die Freiheitsrechte des oder der anderen beginnen.

Die Sicherung der Demokratie als politische Form ist aber mehr als nur das Verfahren, durch Mehrheitsentscheidung eine Regierung zu bilden. Unabhängige Justiz, freie Medien sind Institutionen einer politischen Ordnung, die notwendig sind, um diese in ihrer liberalen Form zu sichern.

Wenn Rechte von Minderheiten attackiert werden und demokratische Grundprinzipien eingeschränkt bzw. außer Kraft gesetzt werden, wird eine Zentralisierung der Macht angestrebt. Politische Willensbildung durch Wahlen ist als Bestätigung der politischen Führung durch deren Machthaber zu werten, alternative politische Zielvorstellungen werden ignoriert, untersagt oder verboten. Die Staatsform Demokratie wird eine begriffliche Leerformel, Worthülse.

„Nur weil ein Staat nicht liberal ist, kann er immer noch eine Demokratie sein", so Viktor Orbán. Demokratie und Liberalismus sind aber untrennbare Verflechtungen, wobei der Akzent auf der

zentralen Idee des politischen Liberalismus liegt. Dennoch können Demokraten mit unterschiedlichen Wertevorstellungen durchaus antiliberale bzw. illiberale politische Zielvorstellungen haben. Im politischen Sinn sind liberale Menschen aufgrund dieser ihrer Überzeugung auch demokratisch, während hingegen nicht jeder Demokrat auch notwendigerweise bzw. grundsätzlich liberal sein muss.
Medien, Politik und Gesellschaft werden aufgrund der entgrenzten und entfesselten Möglichkeiten der Kommunikation und rasanten ökonomischen, technischen und sozialen Entwicklungen und ökologischen Herausforderungen noch weitgehend unvorbereitet auf die Probe gestellt.
So verstärkt sich beispielsweise der Eindruck, dass liberale Demokraten entweder Heuchler sind oder Machtverlust befürchten, wenn populistischen Aktivitäten oder Akteure missachtet oder ausgegrenzt werden, statt sich mit ihnen und ihren Argumenten sachlich auseinanderzusetzen.

Rechte Protestbewegungen- „Wir sind das Volk!“ – wenden den Blick vom
Volk (Demos) als ein soziales und politisches Gebilde, das soziale Handeln allein aus den Willensbekundungen der Gemeinschaft legitimiert, auf den ethnischen Volksbegriff (Ethnos).
Nicht nur gegen die politische Elite, die Obrigkeit, richtet sich der Protest sondern insbesondere

gegen „fremde Eindringlinge"[4] in eine sich etablierende multiethnische Gesellschaft mit ihrer ethnischen Vielfalt.
Die Ethnisierung des Demos erweist sich als Bedrohung europäischen Zusammenhalts als Gemeinschaft demokratischer Republiken, wenn Mitgliedsstaaten auch nur partiell zu illiberalen Demokratien mutieren, mit der Befürchtung, die Souveränität innerhalb der europäischen Rechtsgemeinschaft aufzugeben.

[4] Alexander Gauland, „Wir werden uns unser Land und unser Volk zurückholen"

4. DELIBERATIVE DEMOKRATIE

In der Idealvorstellung demokratischer Systeme wird der "Wille des Volkes" als Grundlage für das Handeln des Politikers gesehen.
Demokratische Entscheidungen basieren im Wesentlichen auf öffentlichem Diskurs über politische Themen, im gemeinsamen Austausch von Informationen und Argumenten.
In geregelter Kommunikation soll ein gemeinsamer Konsens erreicht werden, möglichst unter Beteiligung vieler Bürger.
Mit zunehmender Globalisierung und Internationalisierung erweisen sich aber die Mitbestimmungschancen der Bürger als rückläufig. Partizipationsprozesse setzen von den Teilnehmern aktives Engagement mit problemorientierter Sachkenntnis im anspruchsvollen Verfahren der Beratschlagung und Beschlussfassung voraus.
Diese beteiligungszentrierte Demokratie (Deliberation) erzeuge Gemeinwohl mit hohem Anerkennungswert in der Bevölkerung, so Jürgen Habermas. Seinem Verständnis nach habe deliberative Politik eine höherrangige Legitimität und funktioniere zugleich als eine Art moralischer Filter. Von der Bevölkerung werde sie stärker akzeptiert als die herkömmlichen Willensbildungs- und Entscheidungsprozeduren, in denen Entscheidungen durch Eliten und Repräsentanten nach Mehrheitsentscheid gefällt werden.
Je exakter aber die tatsächliche Wiedergabe der Ideen und Interessen der Repräsentierten, desto

stärker ist die Responsivität, desto mehr entspricht es einer direkten Partizipation, da der Vertreter quasi mit der Stimme des Bürgers spricht.

„Responsiveness“, die Antwortbereitschaft oder Ansprechbarkeit, kann als Brückenschlag zwischen der realistischen Form der repräsentativen Demokratie und der partizipatorischen Demokratie verstanden werden.

Die empirische Zufriedenheit der Bürger mit den demokratischen Outputs und Outcomes, d.h. mit den Gesetzen und Verordnungen und ihren realen Wirkungen, erscheint wichtigster Indikator der Outputresponsivität zu sein.

Sinkende Zufriedenheit mit den Outputs und Outcomes der Demokratie spiegelt die veränderte Erwartungshaltung der Bürger wider, analog dem Prozess wachsender Pluralisierung und Fragmentierung. Mit der Ökonomisierung werden vermehrt individualisierte Politikangebote erwartet und eingefordert. Es wird daher zunehmend schwieriger, diversere heterogene Interessen zu bündeln, auch wenn Parteien im Rahmen der politischen Präferenzen bemüht sind, den Erwartungen weitgehend zu entsprechen.

Sinkende politische Partizipationsbereitschaft infolge von oft zitierter Politikverdrossenheit kann grundsätzlich nicht als genereller Trend ausgemacht werden.

Die stark abnehmende Beteiligung bildungsferner Schichten der Bevölkerung jedoch, im Vergleich zu bildungsnahen, führt zum sozialen Ungleichgewicht im Blick auf die Demokratie mit ihren politischen Gestaltungsmöglichkeiten. Die Zusammensetzung des Deutschen Bundestages weise ein hohes Maß an Homogenität auf, so Armin Schäfer, Politikwissenschaftler von der Universität Münster. Mehr als 80 Prozent der Abgeordneten hätten studiert, in einzelnen Fraktionen seien es fast 90 oder 100 Prozent. Dort sei niemand, der irgendwann mal sein Geld im Dienstleistungssektor verdienen musste oder am Band stand. Der klassische Arbeiter schaffe es schon lange nicht mehr ins Parlament. Aber auch neue Berufe – unterhalb der Akademiker – schafften es nicht mehr ins Parlament. So gingen vor allem die sozial Privilegierten wählen, das führe zu Gesetzen, die letztlich vor allem den Wohlhabenden nutzten. Das erkläre die sozial ungleiche Wahlbeteiligung in Deutschland.

Entfremdungsprozesse und fundamentale Gerechtigkeitsfragen lassen neue Problemfelder entstehen.

Bürgerbewegungen mit dem Ziel unmittelbarer Bürgerbeteiligung und direktdemokratischer Einflussnahme sind die Folge zunehmender Repräsentations-, Orientierungs- und Diskursdefizite von Parlamenten und Parteien.

Systeme mit einem weitreichenden Mechanismus zur Aufteilung der Macht zwischen Regierung, Parlament, Parteien, Regionalbehörden und anderen Institutionen - sogenannte Proportional- oder Konsensdemokratien – führen zu einer vergleichsweise hohen Zufriedenheitsrate. Bürger, die in Ländern mit entwickelten direkten demokratischen Institutionen leben, sind laut einer Langzeitstudie mit der Politik zufriedener als diejenigen in zentralisierten demokratischen Systemen.[5]

Demokratien mit starken Machtverteilungssystemen können aber nur dann ordnungsgemäß funktionieren, wenn sie über starke und stabile Institutionen und eine politische Elite verfügen, die bereit und willens ist, einen Dialog und Kompromisse einzugehen. Das Gemeinwesen muss so ausgestaltet sein, dass zwar die Mehrheit bestimmt, gleichzeitig aber sichergestellt ist, dass die Interessen von Minderheiten Beachtung finden, die Stimmen von Minderheiten hörbar sein müssen und Kompromisse, Interessenausgleich, Respekt vor dem anderen zu gewährleisten sind, gegen eine Diktatur der Mehrheit ("Tyrannei der Mehrheit“, Alexis de Tocqueville).

[5] siehe ANHANG S. 102

5. Demokratie und Tribalismus: digital/analog

Digitalisierung, demographischer Wandel und Globalisierung sind maßgeblich am stetigen Wandel der Gesellschaft beteiligt. Mit der Demokratisierung des Internets versprechen sich Bürger breiten Austausch von Informationen und Meinungen, unbegrenzte Recherchemöglichkeiten im Blick auf politischen Fragen und damit zunehmende Beteiligung im Sinn einer unmittelbaren Demokratie. Aufgrund breiter Individualisierung und damit verbundener solidaritätsgefährdender Prozesse, erfährt die Steuerungsfähigkeit und Integrationsfähigkeit des Gemeinwesens wahrnehmbare Einschränkungen; Bürger desolidarisieren sich, das Parteiensystem erscheint instabil.
Selbstorganisierte Gemeinschaften generieren sich als Folge individueller Beziehungen. Zugehörigkeit zu einer Gruppe in einem individuell selbstbestimmten Beziehungsnetzwerk bilden neue soziale Strukturen. Mitglieder einer derartigen digitalen Gruppe sind in stetiger Kommunikation online eng vernetzt. In Abgrenzung zu anderen digitalen Gruppen und in Distanz zum Mainstream in der Öffentlichkeit verbinden ideologisch gemeinsame Werte und Ziele, als einzig gültige Wahrheit, die Mitglieder.
Jede Gruppe verharrt bei der von ihr verteidigten und verbreiteten Wahrheit, ohne Kriterien der Beweisprüfung und Überprüfbarkeit.

Wenn kein Austausch mehr stattfindet, entsteht eine „Filterblase“: Mit anderen Meinungen und Sichtweisen wird man nicht mehr konfrontiert. Die Filterblase führt dazu, dass man nur noch einseitig informiert wird. Wenn Nutzer in sozialen Netzwerken nur auf solche Nachrichten klicken, die ihre Weltsicht bestätigen, werden Algorithmen mit den eigenen Interessen der Nutzer versorgt und schaffen so selbst eine Filterblase. In diesen sogenannten Echokammern wird aber nur noch wiedergegeben, was man sowieso schon weiß; es wird immer nur das ausgegeben, was man eingibt. So werden nur noch Informationen wahr- und ernstgenommen, die das eigene Weltbild bestätigen. Alles andere wird ausgeblendet, relativiert oder schlicht geleugnet.
Nach innen wird entsprechend eine starke Kohäsion und Homogenisierung erwirkt und eine starke, oft auch rigide Abgrenzung nach Außen.

Ursächlich sei eine „neue Gereiztheit“ in der zunehmenden Emotionalisierung in gesellschaftlichen Debatten feststellbar, einhergehend mit sprachlicher Enthemmung, ausgelöst durch zu viel Nähe unterschiedlicher Lager in den sozialen Medien. Mit einer Flut verfügbarer Informationen wachsen auch die Möglichkeiten der Desinformation, mahnte der Medienwissenschaftler Bernhard Pörksen.

Eine zunehmende Neigung der Parteien, sich als Vertreter nicht mehr des Ganzen, sondern spezieller Gruppen zu betrachten, die durch „Opfernarrative" Zorn aufbauen, der sich gegen andere Gruppen richtet. Politik, die versucht, sich auf die Vertretung von benachteiligten Gruppen zu spezialisieren, erzeugt jedoch neue Opfergruppen, die sich ausgeschlossen fühlen, sich mit Ausgrenzung oder Benachteiligung identifizieren und eine gegen andere Gruppen gerichtete Wut kultivieren. Mit der Mentalität der Exklusivität und Abgrenzung entwickelt und verstärkt sich ein zunehmender Tribalismus.

So definierten sich die „neuen Rechten" mittlerweile nach den Paradigmen der Identitätspolitik als Opfer und fordern den patriotischen Schutz der nationalen Identität.

Aufwallungen von Empörung richten sich auch nicht nur gegen die Regierung, sondern gegen andere Bevölkerungsgruppen. Peter Sloterdijk spricht von den "thymotischen" [6] Kräften, den vorpolitischen Energien des Zorns. Deutschland leide an einer "thymotischen Unterversorgung", einer Armut an Wut, weshalb es unserer Kultur an Wehrhaftigkeit gegenüber anderen Kulturen und Ideologien, etwa dem Islamismus, eine „hochgepushte" thymotische Bewegung, mangele. Deutschland sei nicht zornig und wütend genug,

---

[6] Thymos ist ein altgriechisches Wort, das in seiner Bedeutung zwischen Mut, Zorn und Empörung schwankt, es bedeute auch Bereitschaft und Entschlossenheit zum Kampf.

greift der AfD-Politiker Marc Jongen, ehemaliger Assistent des Philosophen Peter Sloterdijk, das Phänomen „thymos“ auf. Allein die AfD lege noch Wert darauf, die Thymos-Spannung in unserer Gesellschaft wieder zu aktivieren, das unterscheide sie durch ihren positiven Bezug zum Thymos von allen anderen politischen Parteien.
Der selbstbewusste, informierte, mitdenkende und mitentscheidungswillige Bürger -der thymotische Citoyen- klagt in der Öffentlichkeit gegen die misslungene Repräsentation seiner Anliegen im aktuellen politischen System.
„Tatkräftige“ und zornige Willensbekundungen überwinden die „thymotische Unterversorgung“ und richten sich u. a. gegen Flüchtlinge, Islam, die politische Linke, die Presse, Andersdenkende, Elite oder die Bundeskanzlerin: die politische Sprache ist zunehmend von Missachtung geprägt.
Digitaler Tribalismus bildet den Kern des Erfolgs von Bewegungen wie Pegida und AfD, wie auch der Alt-Right und anderen antiliberalen Kräften.

Aus andauernder latenter Unsicherheit entstehen nach und nach Empörung, Wut und Hass. Das sei der Moment, wo der Populismus aufblühe.

Matthias Horx

-Generationenkonflikt

Eine einst als homogen empfundene Gesellschaft erlebt zunehmend politische und soziale Verstörungen. Unverändert geltende Regeln und Gewohnheiten der Vergangenheit lösen Konflikte aus, wobei unter anderem auch Anzeichen für einen Generationskonflikt auszumachen sind: Millennials und die Generation Z versus "Ok, Boomer".

Hinter dem Generationenkonflikt verbirgt sich nicht nur der uralte Konflikt konservativ versus progressiv, sondern das Phänomen des Klimawandels als ein alles überragender Epochenkonflikt.

Junge Menschen auf Social Media Plattformen formulieren ihre Unzufriedenheit mit den Ansichten der älteren Generation: Zwei oftmals völlig verschiedene Weltanschauungen und Lebenssituationen treffen aufeinander. Mit „OKBoomer“ [7] wird signalisiert, dass es müßig ist mit den Älteren zu diskutieren, die Generation der Baby-Boomer

---

[7] „OK, Boomer“ soll heißen „Eure Zeit ist vorbei, jetzt übernehmen wir“. Die Baby-Boomer sind im Grunde alle Menschen, die zwischen 1946 und 1964 geboren sind. Die Millennials - oder auch Generation Y/Z - sind rund um die Jahrtausendwende geboren.

geht langsam, aber sicher in Rente. (Fridays for Future: „demnächst sterbende Großeltern, fiktive Oma als "Umweltsau") Die fühlt sich provoziert und sieht sich wegen ihres Alters stark diskriminiert, die Millenials andererseits nicht ernsthaft anerkannt, belächelt. Empörung und gar Wut führen aufgrund unterschiedlicher Beurteilung zu Auseinandersetzungen. So fehlt den Älteren Anerkennung ihrer Lebensleistung und den Jüngeren Anerkennung für ihren engagierten Einsatz zur Abwehr der drohenden Klimakatastrophe.

Das Konfliktpotential erweist sich jedoch als weit umfangreicher und tiefergehend: Klima, Kapitalismus und Konsum, Migration und Souveränität, Digitalisierung, Globalisierung, Bildung, Kultur, Identitäten, Kosmopolitismus, Kommunitarismus usw.

Eine problemlösende Sicht kann nur generationenübergreifend und zukunftsorientiert mit einer solidarischen Gemeinschaft gelingen: Respektvolle Umgangsformen in öffentlichen Räumen pflegen und erleben, mit dem Anspruch der Bewahrung demokratischer Tugenden.

-Mobiles Stimmungs-Milieu

Zwischen Gewählten und dem Wahlvolk als dem politischen Souverän hat sich zunehmend eine Entfremdung entwickelt, ein lebendiger Austausch zwischen Gesellschaft und Mandatsträgern findet nur eingeschränkt statt. Bemängelt wird eine vertrauensbildende aufrichtige Kommunikation: Nicht nur Streben nach Konsens um jeden Preis, sondern Meinungen, Ankündigungen und Handeln sollten im Einklang stehen, auch unbequeme bzw. umstrittene Wahrheiten. Dadurch kann politische Glaubwürdigkeit und mehrheitliche demokratische Akzeptanz erzeugt werden.

Ein neues Konfliktpotenzial bestimmt zunehmend den politischen Wettbewerb der Parteien: Weltoffene Kosmopoliten und nationalstaatsorientierte Kommunitaristen stehen sich weitgehend unversöhnlich gegenüber. So fühlen sich viele Bürger in ihren wirtschaftlichen Interessen und ihrer kulturellen Befindlichkeit bedroht und nicht ausreichend repräsentiert. Eine zunehmende sozioökonomische Ungleichheit, die Globalisierung deregulierter Finanzmärkte, digitale Privatisierung des Weltwissens, Klimawandel und vermeintliche nationalstaatliche Preisgabe, sind soziale Nährboden für Populisten und Extremisten. Mit Hassreden in digitalen wie analogen Debatten gedeihen Fremdenhass, Verschwörungstheorien und das Klima von „post truth" Fakten werden verdreht, die Wahrheit relativiert.

Komplexe Sachverhalte internationaler politischer Inhalte verstehen und ein informiertes Votum abgeben zu können, überfordern viele Bürger, nicht nur die bildungsfernen. In der Wahl drückt sich die zunehmende Individualisierung und Pluralisierung der Gesellschaft politisch aus. Die Folge dieser Entwicklung sei eine weitere Differenzierung des Parteiensystems. "Die Großen nehmen ab, die Kleinen stabilisieren und vermehren sich neben ihnen."[8]

Die Wähler sind daher volatiler geworden, wechseln schneller die Parteien, diese wiederum versuchen Bürgerinteressen und Wertvorstellungen gezielter ihrem Programm anzupassen.

Mit der sich zunehmend fragmentierenden Öffentlichkeit, Rückzug in die digitalen sozialen Räume („Echokammern"), können illiberale Rechte im Blick auf eine illiberale Demokratie punkten, während demokratische Institutionen und Akteure der etablierten Parteien mit einem schlüssigen Konzept zur pluralen Demokratie erst noch überzeugen müssen, um zwischen den gespaltenen gesellschaftlichen Lagern zu versöhnen.

[8] CSU-nahe Politologe Heinrich Oberreuter, 2019

-Verbale Verrohung, psychisch-physische Bedrohung

"Es fängt an mit dem Sagbaren, und dann kommt das Machbare. Dem Angriff auf die Menschlichkeit folgt der Angriff auf den Menschen", so Claudia Roth nach dem Anschlag in Hanau am 20.02.2002, der Bluttat aus rechtsextremistischen, rassischsten Motiven mit elf Todesopfern, einschließlich Täter.
Physische und psychische Aggressionen äußern sich in bedrohlichen Haltungen, verbalen Drohungen, Beleidigungen und Beschimpfungen. Sprachliche Diffamierung, Diskriminierung und Verunglimpfungen können auf Ethnien, politische Andersdenkende, sozial Deklassierte u. a. zielen. Aber auch subtilere Formen sprachlicher Gewalt äußern sich in der Verweigerung oder Behinderung des Rederechts oder Missachtung des Redners (z.B. TV- Talkshows, politische Positionserklärungen u. a.).
In einer Studie nach einer Erhebung zur Gewalt gegen Mitarbeiter im Öffentlichen Dienst des Landes Hessen, vorgestellt vom Deutschen Beamtenbund (dbb) und Britta Bannenberg, Leiterin der Studie und Kriminologin an der Universität Gießen, wird eine beängstigende Zunahme von „gravierendster Gewalt“ beklagt: Beleidigungen, körperliche Angriffe bis hin zu Tötungsversuchen. Betroffen seien Polizisten, Justizvollzugsbeamte und Gerichtsvollzieher, Mitarbeiter der Agentur

für Arbeit und Beschäftigte in Jobcentern sowie Lehrer.
Die Mehrzahl der Betroffenen fordert mehr Unterstützung durch Vorgesetzte und Politik und insbesondere im Blick auf diese Herausforderungen mehr gesellschaftliche Wertschätzung und Anerkennung.

Verbale Gewalthandlungen führen dann sehr oft zu körperlicher Gewalt, ein Mittel der Macht, durch sie kann anderen Schaden zugefügt werden, Verletzung bis hin zur Tötung.
Im Alltag der Zivilgesellschaft finden zunehmend Übergriffe und Bedrohungen nicht nur im Netz statt. Seit dem Mord an dem Kasseler Regierungspräsidenten Walter Lübcke (CDU) im Juni 2019 werden zunehmende Angriffe auf Kommunalpolitiker beklagt, immer mehr Amts- und Mandatsträger bedroht oder mit Hass überzogen.

Die steigende Zahl von Angriffen auf Mandatsträger, Einsatzkräfte und Mitglieder der Gemeindeverwaltung bezeichnete Verteidigungsministerin Kramp-Karrenbauer als besorgniserregend. Vor diesem Hintergrund plant die Bundesregierung, die Schwelle bei der Strafbarkeit von Hassbotschaften im Internet zu senken, wenn Kommunalpolitiker Opfer von übler Nachrede oder Verleumdung werden, genau so, wie bei Landespolitikern und Bundestagsabgeordneten.
„Wenn Lokalpolitikerinnen und Lokalpolitiker ihre Arbeit nicht mehr machen können, ohne

Angst vor Rechtsradikalen zu haben, macht das deutlich, wie stark der Extremismus unsere Demokratie schon heute gefährdet“, Bundesfamilienministerin Franziska Giffey (SPD).
Sie plädiert für eine harte Strafverfolgung und für die Förderung des demokratischen Engagements vor Ort.
Mit Empörung und Unverständnis haben viele Wähler noch die Entscheidung des Landesgerichts Berlin, 9. September 2019, in Erinnerung: Die gerügten Äußerungen[9] seien keine strafbaren Beleidigungen, keine „keine Diffamierungen der Person“, sondern wiesen vielmehr alle einen Sachbezug auf.
Die Demokratie lebe vom Engagement ihrer Bürgerinnen und Bürger. Wer sich ehrenamtlich oder politisch engagiert, und so bezeichnet werden darf, ohne dass dies Folgen hat, greift mit solchem Urteil in den Kernbestand der Demokratie ein, so Künast. Der Ex-Verfassungsgerichtspräsident Hans-Jürgen Papier zeigt sich ebenfalls empört:

---

[9] gegen auf Facebook gerichtete Kommentare: "Stück Scheiße" über "Drecks Fotze" bis zu "Sondermüll" wehrte sie sich: Es handele sich um gröblichste Beschimpfungen und in höchstem Maße erniedrigende und größtenteils sexistische Kraftausdrücke, die stets unzulässig seien, heißt es in der Beschwerde "lehrbuchartige Paradebeispiele der Formalbeleidigung". Die Staatsanwaltschaft entschied jedoch, keine Ermittlungen wegen des Verdachts auf Rechtsbeugung gegen die Richter aufzunehmen. Es gebe keine Anhaltspunkte für eine bewusste und schwerwiegende „Entfernung von Recht und Gesetz“, heißt es.

„Wenn das keine Beleidigung ist, weiß ich nicht, wie ich jemanden beleidigen soll“. Er sieht eine Erosion der Rechtsstaatlichkeit, u. a. werden zu viele Ermittlungsverfahren in Deutschland eingestellt und Haftbefehle vielfach nicht vollzogen, das entziehe den Bürgern das Vertrauen in die Handlungsfähigkeit des Rechtsstaates.
Januar 2020: Das Berliner Landgericht hat seinen vorherigen Beschluss abgeändert. In sechs von 22 Fällen sei anders als in einem Beschluss vom September 2019 nun eine Beleidigung gesehen worden, teilte das Gericht mit. Die sechs Nutzer-Äußerungen, die jetzt als Beleidigung gesehen werden, hätten einen „ehrherabsetzenden Inhalt", der nicht mit der Meinungsfreiheit zu rechtfertigen sei, hieß es nunmehr vom Gericht.

Wenn strafrechtlich relevante Kommentare wie Beleidigung, üble Nachrede, Androhung von Gewalt und Nötigung vorliegen, wird auf das Netzwerkdurchsetzungsgesetz (NetzDG) verwiesen- einem wenig anwenderfreundlichen Meldesystem- auf die NetzDG-Löschanträge müssen Facebook, Twitter und Co. innerhalb von 24 Stunden reagieren.

Unsägliches kalkuliert zu sagen und zu schreiben, lässt Grenzen verrücken. Radikalisierung und Entgrenzung der Sprache sind Folge einer Radikalisierung und Entgrenzung des politischen Den-

kens und haben letztlich Radikalisierung des Handelns zufolge.
Mit der Sprache wird das Angstsystem des Menschen als Hebel für die Erzeugung von Gewaltbereitschaft benutzt, Menschen werden empfänglicher für emotionale Botschaften.

Einer Bedrohung ausgesetzt, lässt die Hemmschwelle, gewalttätig zu werden, sinken, Verrohung und Radikalisierung sind nicht nur in den Echokammern des Netzes anzutreffen.

Auch in der „analogen" Welt erzeugen Provokationen, übelste Beschimpfung oder irrste Verschwörungstheorie, erhöhte Aufmerksamkeit. Nachrichten, Begriffe, Konzepte und Provokationen beschleunigen und vielfältigen einander abwechselnd, sie werden fast unbemerkt Bestandteil eines scheinbar normalen politischen Diskurses.
Je häufiger in der Öffentlichkeit grenzwertige Begriffe diskutiert werden, umso mehr setzt die Gewöhnung ein und die Grenzen des Sagbaren verschieben sich, sog. „shifting base line" [10]

---

[10] Menschen halten immer exakt jenen Zustand ihrer Umwelt für den "natürlichen", der mit ihrer aktuellen Lebens- und Erfahrungszeit zusammenfällt. Veränderungen der sozialen und physischen Umwelt werden nicht absolut wahrgenommen, sondern immer nur relativ zum eigenen Beobachterstandpunkt. Dem Einzelnen fällt kaum noch auf, wie sich seine Wahrnehmungen und Einstellungen mit seiner sich verändernden Welt selbst verändern

Kalkulierte Grenzüberschreitungen haben Erfolg, sie werden für in einer sich verändernden sozialen Gemeinschaft als denkbar erachtet, intensiv verstärkt durch die Medien.
Politik, Justiz und auch die analogen und digitalen Medien können dies in einer Demokratie nicht gleichgültig hinnehmen. Für viele ist das Vertrauen in den Staat im hohen Maße erschüttert.

Menschen wollen sich gleichwertig und anerkannt fühlen.
Vor dem Gesetz sind Menschen in Demokratien gleich. In der Praxis zeigt sich jedoch, dass sich längst nicht alle Menschen gleichwertig fühlen, sie sehen sich machtlos oder wirtschaftlich benachteiligt. Das Verlangen nach Würde sei in der Natur des Menschen veranlagt, darin sehe er die Ursache und den Antrieb von politischem Handeln. [11]

---

[11] Fukuyama, Francis, Identität: Wie der Verlust der Würde unsere Demokratie gefährdet, Hoffman und Campe, Februar 2019

7. DISPARITÄTEN

Die politische Mitsprache, das Anliegen sich wirksam in den demokratischen Entscheidungsprozess einzubringen, kann als Integrationsmechanismus gewertet werden. Konflikte können über wirksame Beteiligung aller Interessengruppen entschärft werden, vorausgesetzt allen Interessengruppen wird die nötige politisch-moralische Anerkennung zuteil.

In der demokratischen Öffentlichkeit Argumente vorgebracht, können u. U. partikulare in allgemeine Interessen transferiert werden, auf der Grundlage einer demokratischen rechtsstaatlichen Grundordnung: Freiheit, Gerechtigkeit und Solidarität. Im Grundgesetz garantieren gleichwertige Lebensverhältnisse in der Bundesrepublik wesentliche Voraussetzung für den sozialen und politischen Zusammenhalt in einer pluralistischen Gesellschaft.

In Deutschland bestehen zum Teil erhebliche und wachsende soziale und wirtschaftliche Unterschiede, zwischen Ost und West, Nord und Süd. Die demografische Entwicklung, Digitalisierung der Lebenswelt und die Bevölkerungswanderung verstärken die wachsenden sozialökonomischen Disparitäten.

Die wachstumsstarken hängen die schwächeren Regionen von Wachstum und Beschäftigung ab; die Bereitstellung öffentlicher Daseinsvorsorge wird zunehmend abgebaut.

So moniert Ulrich Silberbach, Vorsitzender des Deutschen Beamtenbundes und Tarifunion, über absurd lange Wartezeiten bei Bürgerservices und Gerichten, Baustellen, die nicht vorankommen, Infrastruktur, die zerfällt oder ganz fehlt, Unterrichtsausfall, Kitaplatz-Mangel und Pflegenotstand, dies habe massive Auswirkungen auf den gesellschaftlichen Zusammenhalt. Der Öffentliche Dienst sei ein Sanierungsfall, kaputtgespart, heruntergewirtschaftet, verschlissen- ohne Gegensteuerung sei die Stabilität der Gesellschaft in Gefahr, denn der öffentliche Dienst sei wichtig als Rückgrat für Demokratie, Rechtsstaatlichkeit, soziale Marktwirtschaft und Konjunktur.

Basale Daseinsvorsorgeleistungen wie die Gewährleistung von Energie-, Wasserversorgung und Mobilität sind wesentlich für soziale Gleichheit: Bildung, Gesundheit und Kommunikation, auch Breitbandversorgung sind elementare Grundbedürfnisse der Menschen.

Während großstädtische Agglomerationen wie Hamburg oder Berlin wachsen, schrumpfen und altern periphere ländliche Räume stark.

In den Großstädten drohen deutliche Segregationstendenzen, angesagte Wohnquartiere für Bessergestellte, weniger gut Verdienende werden zusehends an den Rand gedrängt.

„Gleichwertigkeit der Lebensverhältnisse" ist ein politischer Leitbegriff, ein sehr anspruchsvolles Integrationsversprechen und zugleich ein Verfassungsauftrag für öffentliches Handeln im Blick auf Wohn-, Arbeits-, Wirtschafts- und Konsumverhältnis. Daseinsvorsorge und Infrastrukturen sind maßgeblich für die Gleichwertigkeit der Lebensverhältnisse, aktuell ergänzt durch Nachhaltigkeit, Umweltgerechtigkeit und Klimaverträglichkeit.

Demokratie benötigt einen stabilen Zusammenhalt und eine Gesellschaft, in der sich keine allzu tiefen ökonomischen Gräben auftun.
Gesellschaften, die sich um jeden Preis der Logik ökonomischer Verwertbarkeit unterwerfen, gefährden den Zusammenhalt und die gesellschaftliche Solidarität. Insbesondere der globale Finanzmarkt scheint die Politik zu Entscheidungen zu zwingen, für die die Öffentlichkeit kaum Verständnis zeigt: Riesige Finanzmittel werden einerseits zur sog. „Rettung des Systems“ bereitgestellt und andererseits Schwimmbäder, Bibliotheken usw. geschlossen, die Infrastruktur vernachlässigt.

Zugkräftiger Populismus gilt als verlässlicher Seismograph für das, was schief läuft zwischen sozialen wie kulturellen Eliten und Bürgern aus niedrigeren, sozialen und kulturellen Bildungsschichten.
Wenn in einer Gesellschaft etwas unstimmig erscheint, verweist der Populismus auf bisher funktionierend geltende Alltags- und Lebensbedingungen, gestört durch gesellschaftliche Modernisierungsschübe, wenn sich Bürger kulturell benachteiligt, vor allem wirtschaftlich betrogen fühlen.

Populisten finden Zuspruch, wenn sie eine volksnahe Sprache verwenden, Eliten sind nur noch selten dazu in der Lage. Populistische Agitatoren brillieren dann, wenn die Sprache des politischen und ökonomischen Establishments zum Distinktionsjargon mutiert – introvertiert, abgehoben, technokratisch, herrisch.
So verdichte sich das Gedankengut der Rechtspopulisten in:
Verdrossenheit über den Staat, Verachten großer Volksparteien, aber auch Verdruss über Grüne und ihre Ökopredigten, Ärger über hohe Abgabelasten, Wut über den zu teuren Wohlfahrtsstaat, Misstrauen und Ablehnung von Einwanderung, von Fremden überhaupt.

Während Eliten von Globalisierung, Internationalisierung, Mobilität und Flexibilität schwärmen-Weltoffenheit, Elastizität und lebenslanges Lernen fordern, löst das bei Bürgern mit formal geringer Bildung in ihrer oft kleinstädtischen Sesshaftigkeit blanke Furcht und heftige Besorgnis aus.
So kann Populismus vorwiegend in gesellschaftlichen Räumen gedeihen, die durch den Niedergang von zuvor die Lebenswelten prägenden Vergemeinschaftungen und Normen sozialkulturell entleert wurden.[12]

---

[12] „Was hält eigentlich die Gesellschaft noch zusammen, wenn sie keine gemeinsame Öffentlichkeit mehr hat? Die aber ist die Voraussetzung für eine funktionierende Demokratie.“ Wolfgang Schäuble. in : Morning Briefing, Gabor Steingart, 25.01.2020

Insbesondere Männer reagieren verunsichert, fühlen sich allein gelassen, ungehört, infolgedessen sind sie empfänglich für die populistische Einrede auf Kundgebungen: einfache, bildreiche, zuspitzende Sprache. Tabubrüche und Regelverletzungen begeistern ihre Anhänger, der „verhasste Gegner“ wütet. Die enthemmten Gefühlsausbrüche der Masse, das Bad in der Menge, lieben sowohl die Agitatoren als auch die Zuhörerschaft, man solidarisiert sich, fühlt sich verstanden.

Innerhalb des Rechtspopulismus reicht die Spannbreite von rechtspopulistischen Formationen von streng konservativen, autoritären und nationalistischen Einstellungen bis hin zu soziokulturell libertären und nicht-nationalistischen Ausprägungen.

Dem „Linkspopulismus" scheint aber eher das Beharren auf größtmöglich egalitäre gesellschaftliche Verhältnisse elementar zu sein: Inklusion von Prekären, Arbeitslosen, Migranten, Minderheiten. Rechts- und Linkspopulismus gemeinsam sind diskursive Zuspitzungen, emotionalisierte Sprache, Systemkritik und Elitenschelte.

Unterschiedlich hingegen ist die Zielvorstellung: Weitestgehende Egalität, Berücksichtigung marginalisierter Bevölkerungsteile, Herrschafts- und Hierarchieabbau sowie demokratische Selbstbestimmung auf möglichst vielen Ebenen sind in der Regel linkspopulistisch. Veränderungen bzw. Optimierung der Auswirkung des Systems einer liberalen Demokratie begründen die Aktivitäten von „links“. Die Ablösung des liberalen, pluralistischen Systems mit Ziel eines autoritären Nationalstaats ist hingegen „rechter“ Leitgedanke.

Das Entstehen eines sozialen und politischen Vakuums aufgrund des Rückzugs von Staatlichkeit und Verlust pluralistischer Öffentlichkeit wird von autoritären und oft extremistischen Kräften zur autoritären Übernahme von gesellschaftlichen Ordnungsfunktionen aufgefüllt.
So ist das erklärte Ziel der Bundesregierung nach den desaströsen Wahlergebnissen für die Volksparteien in den neuen Bundesländern(2019), für die aktive Gestaltung gleicher Lebensverhältnisse zu sorgen im Blick auf die Gleichheit der politischen Partizipation.

Infrastrukturrückbau, Versorgungsengpässe und die Verwahrlosung des öffentlichen Raumes verstärken Deklassierungsgefühle der Bürger und tragen zu einer zur Erosion lokaler Demokratie bei. Lokale Demokratie lebt von Öffentlichkeit, und soziale Orte sind ein Ansatzpunkt, diese demokratischen Prozesse am Leben zu halten, beziehungsweise zu vitalisieren.
Der liberale, soziale und demokratische Verfassungsstaat lebt von diesen Voraussetzungen, die er auch selbst schaffen muss. Es bedarf deswegen staatlicher Aktivitäten und öffentlicher Handlungsbereitschaft.

Das „Soziale-Orte-Konzept“[13] will einen Beitrag zu einer Politik des gesellschaftlichen Zusammenhalts leisten, ein Miteinander von Zivilgesellschaft (Bürger vor Ort), der Kommunalpolitik und -verwaltung und der lokalen/regionalen Wirtschaft. Gesellschaft demokratisch zu gestalten und zu gewährleisten- die Bereitstellung daseinsvorsorgender Infrastruktur ist mit der Staatsbedürftigkeit der demokratischen Gesellschaft untrennbar verbunden.

[13] Seit Oktober 2017 entwickelt das Soziologische Forschungsinstitut Göttingen (SOFI) an der Georg-August-Universität das Soziale-Orte Konzept im Rahmen des durch das Bundesministerium für Bildung und Forschung (BMBF) geförderten Programms „Zusammenhalt stärken in Zeiten von Krisen und Umbrüchen“

„Demokratie ist nur durch eine prozessuale Definition zu begreifen. Sie ist ihre eigene permanente Infragestellung - mit der Aussicht darauf, dass schon jetzt genügend Demokratie da ist, um mehr Demokratie wagen zu können. Wo Republik ist - die öffentliche Angelegenheit -, herrscht die Tendenz zur Ausdehnung des öffentlichen Raums".

Peter Sloterdijk,
2017

8. ZERBRECHLICHE DEMOKRATIE

Der normative Anspruch der Politik, an den Mehrheitsinteressen der Gesellschaft orientierte Entscheidungen auszuhandeln, trifft auf eine Vielzahl partikularer Interessen und Lebensentwürfe der Bürger.

Die Akzeptanz der Parteien schwindet zunehmend, Zweifel an ihrer Verlässlichkeit, an ihrer Legitimität bei der Bearbeitung anstehender Probleme, ist unüberhörbar. Die Wähler werden unberechenbar, entscheiden erst in letzter Minute und wenden sich schon kurz nach der Stimmabgabe wieder von der Partei ab, die sie unterstützt haben. Bürger stellen vieles infrage, althergebrachte Bindungen und Traditionen zählen immer weniger. Die Gereiztheit ist eine Folge von Unsicherheit, gepaart mit Abwehr und mit Verdruss. Erschreckend ist vor allem der große Vertrauensverlust in die Politik und das tiefe Misstrauen sowohl in die Kompetenz als auch in das ethische Verhalten der Politiker.

Eine tiefe Entfremdung zwischen Wählern und Gewählten trägt maßgeblich zur schleichenden Erosion der repräsentativen Demokratie bei. Parlamente, die Bürger nicht mehr mitnehmen, Entscheidungen nicht transparent und nachvollziehbar machen, verlieren an Rückhalt in der Bevölkerung. Ansehensverlust und damit Niedergang der Volksparteien korrespondieren hier mit einer Selbstermächtigung der Bürger, bezogen weniger auf die Gemeinschaft, sondern auf den eigenen Nahraum.

Abnehmende gemeinwohlorientierte Entscheidungen werden beklagt, Partikularinteressen zielstrebig verfolgt. Deswegen erscheint es zunehmend schwieriger, politische Entscheidungen mit nötiger Breitenresonanz zu treffen.
Der Ruf nach mehr Bürgerbeteiligung, nach direkter Demokratie, plebiszitäre Elemente in Gestalt von Bürgerbegehren und Volksentscheiden, weist sowohl auf die allgemeine Demokratieverdrossenheit hin, als auch auf die Annahme, eigene Interessen in politischen Entscheidungsprozessen besser durchsetzen zu können: Entscheidungen von Regierungen und Parlamenten auszuhebeln, wenn diese den eigenen Vorstellungen zuwiderlaufen.
Symptome wie Rückgang der Wahlbeteiligung, stärkere Wählerwanderung, Mitgliederverlust bei den Parteien zeigen die Krise der Demokratie, eine Demokratiemüdigkeit, an.
Dem Syndrom der Demokratiemüdigkeit ließe sich mit Experten anstelle von Politikern begegnen: Statt ideologische Parolen verkünden die Technokraten das TINA-Prinzip: „There is no alternative". Probleme werden ohne Rücksicht auf Wahlen auch durch wenig populäre Maßnahmen gelöst, so die Auffassung einiger Politikwissenschaftler.

Eine Möglichkeit, populistischen Bewegungen Einhalt zu gebieten durch Versachlichung ?

-Populismus

Politiker, Parteien und populistische Bewegungen, die sich der Vereinfachung, Emotionalisierung und Verschwörungstheorien bedienen, gewinnen weltweit an Zustimmung Die etablierten Parteien in den Parlamenten und zuweilen damit auch die repräsentative Demokratie als solche geraten unter Druck.

Grundprinzipien der Demokratie, die den „Volkswillen" nur im Plural kennt, sind Mehrheiten in einem Wettstreit zu erzielen, nach Streben um konkurrierende Interessen und Ideen. Autoritäre Entscheidungen sind keine demokratischen Lösungen, auch wenn dies so von selbsternannten „Führern" suggeriert wird. Einfache Lösungen sind angesichts der globalen, digitalen und pluralen Gesellschaft bestenfalls Visionen und Versprechungen, selten oder kaum mit politischem Realitätsbezug hinsichtlich transnationalem Terrorismus, Migrationsbewegung und ihre Folgen, Klimawandel und Digitalisierung.

Aufgrund einer zunehmenden Unzufriedenheit in der Öffentlichkeit im Blick auf Ausschluss parlamentarischer Willensbildung - Nationalstaaten verlieren zunehmend ihre Souveränität- lassen populistische Parteien, rechts und links von der Mitte erstarken. Viele Bürger fühlen sich in den Parlamenten nicht mehr repräsentiert, wobei das „System" der repräsentativen Demokratie von der überwiegenden Mehrheit grundsätzlich nicht infrage gestellt wird, aber für radikale Rechtsextre-

me und Linksextreme sowohl theoretisch als auch handlungsorientiert Programm ist.
Eine umfassendere direkte Beteiligung der Bürger an politischen Entscheidungen, Volksentscheiden, wird als Lösung gegen die Politikverdrossenheit immer wieder ins Gespräch gebracht, eine Ergänzung aber auch Einschränkung der repräsentativen Demokratie:
Eine Chance für Populisten jeglicher Couleur?
Direkte Demokratie in Form plebiszitärer Urteilsbildung setzt Information, Sachverstand und Urteilsvermögen der zu regelnden komplexen Sachverhalte voraus und Übernahme der Verantwortung des Volksentscheids. Dies ist jedoch unmöglich, verantwortliche Entscheidungen des Parlaments können hingegen vom Bürger bei nächster anstehender Wahl sanktioniert werden. Verständliches Erklären von Zusammenhängen aufgrund einleuchtender Argumente, Kritikfähigkeit, Widerstand von unzulässigen Vereinfachungen hinsichtlich allgemeingültiger einziger Wahrheit, Konsensfähigkeit und Konzilianz, sind geeignete Bausteine aber keine Garantie für Fortbestand einer parlamentarischen Demokratie.

- Extremismus und Gewalt

Ein Vergleich der Anzahl der politisch motivierten Straftaten mit rechts- und linksextremistischem Hintergrund belegt: Im Jahr 2018 gab es in Deutschland 938 Körperverletzungen mit rechtsextremistisch motiviertem und 363 Körperverletzungen mit linksextremistisch motiviertem Hintergrund. Die extremistischen Straftaten geben Anlass zur Befürchtung, bestimmte Verfassungsgrundsätze zu beseitigen oder außer Geltung zu setzen, die für die freiheitliche demokratische Grundordnung prägend sind.
Eine im September 2018 durchgeführten Umfrage [14]ergab: 79 Prozent der Befragten sahen die Demokratie durch Rechtsextremismus gefährdet, 48 Prozent sahen eine Gefahr für die Demokratie im Linksextremismus. Argumentiert wird, dass linksextreme Gewalt, moralisch legitimiert, nur verständliche Gegengewalt gegen die strukturelle Gewalt des Staates oder gegen die konkrete der Polizei sei. Es mache einen riesigen Unterschied aus, ob ein wehrloser „Fremder" attackiert werde, ein Schwacher, oder ein bewaffneter Polizist, ein Starker. Im ersten Fall sei dies feige, im zweiten Fall mutig. Unterschiede zwischen links(extrem) und rechts(extrem) können jedoch nicht in dem Sinne gedeutet werden, linke Ausschreitungen

---

[14] Veröffentlicht von Statista Research Department, 27.06.2019

seien weniger „schlimm“ als rechte. Auf beiden Seiten existieren weicher und harter Extremismus. Das staatliche Gewaltmonopol ist eine Errungenschaft des Rechtsstaats u. a. mit dem Auftrag der Durchsetzung eines antiextremistischen Konsenses.
Viele Bürger haben eine unterschiedliche Wahrnehmung der Gewalt von rechts und links; auf der einen Seite wird dramatisiert, auf der anderen Seite bagatellisiert.
Linke Gewalttäter, Linksradikale, auch zahlreiche Extremisten, werden oft als „kriminelle Idioten“, Chaoten [15] abgestempelt, ein politisches Engagement weitgehend bestritten. Linksextreme Gewalt wird teilweise verharmlost, oft als Rechtfertigung im Kampf gegen Rechts begründet.

Sowohl Rechtspopulisten bzw. Rechtsextremisten als auch Linkspopulisten bzw. Linksextremisten tendieren dazu, den demokratischen Willensbildungsprozess dergestalt zu beeinflussen, bestehende Staats- und Gesellschaftsordnung abzulehnen bzw. zu bekämpfen. Oft gewaltbereit, richtet sich dann die politisch motivierte Kriminalität gegen die Verfassung, den Bestand des Staates oder gegen seine innere bzw. äußere Sicherheit.

---

[15] Ausschreitungen G-20-Gipfel 2017 in Hamburg, linksextremistische Übergriffe in Berlin und Leipzig, gefährlicher Eingriff in den Bahn- und Luftverkehr, Widerstandsdelikte gegen die Polizei, Sachbeschädigungen, Körperverletzungen, Gewalt gegen private Sicherheitsdienste, Einsatz von Pyrotechnik,. Straßenblockaden,,,

Die Bandbreite reicht von Propagandadelikten gegen die Verfassung bis hin zur Bildung einer terroristischen Vereinigung.

Rechte Gewalt reicht von (Neo-) Nazis, gewaltbereiten Identitären oder Rechtsterroristen wie der „Nationalsozialistische Untergrund“ (NSU) bis zu neuen Gruppierungen wie „Gruppe Freital", der „3. Weg“, „Reichsbürger“ oder „Selbstverwalter“ und der sog. "Oldschool Society".
Ihr rechtsextremistisches Weltbild ist geprägt von einer Überbewertung ethnischer Zugehörigkeit (Fremdenfeindlichkeit). Die Zugehörigkeit zu einer Ethnie, Nation oder Rasse bestimmt den Wert eines Menschen, zugunsten kollektivistischer 'volksgemeinschaftlicher' Konstrukte werden individuelle Rechte und gesellschaftliche Interessenvertretungen untergeordnet, Pluralismus zurückgedrängt.
„Extremismus“ wird vom Bundesverfassungsgericht definiert als das Verhältnis der Agitatoren zu den demokratischen Prinzipien der Grundordnung in der Verfassung:
Menschenrechte, Volkssouveränität, Gewaltenteilung, Regierungsverantwortlichkeit, Verwaltungsgesetzmäßigkeit, Unabhängigkeit der Gerichte, Mehrparteienprinzip, Chancengleichheit der Parteien inklusiv Oppositionsfreiheit. Die Definition des Verfassungsschutzes zeigt eindeutig, dass die Ziele des Rechtsextremismus generell antidemokratisch sind: Wesentliche Merkmale rechtsextremer Ideologien werden die Ideologieelemente

Nationalismus, Rassismus, Antisemitismus, ein autoritäres Staatsverständnis und eine Ideologie der Volksgemeinschaft genannt.
Nach Informationen des Tagesspiegels hat die Polizei bereits knapp 12.500 Straftaten von Neonazis und anderen Rechten im Jahr 2019 registriert. Darunter seien 542 Gewalttaten, 250 Menschen wurden bei Angriffen von Rechtsextremisten verletzt, drei Angriffe wertet die Polizei als versuchte Tötungen. Todesopfer rechter Gewalt - Mord an Kasseler Regierungspräsidenten Walter Lübcke- wurde bisher noch nicht als rechtes Verbrechen eingestuft, da der tatverdächtige Neonazi Stephan Ernst sein Geständnis zurückgezogen hatte. Die von Rechtsextremen aufgrund ihrer Gesinnung begangenen Straftaten zählen insbesondere Gewalt gegen Ausländer, Juden, Muslime, Flüchtlingsunterkünfte, politische Gegner oder Vertreter des Staates. Bei den Attacken auf Politiker in den Jahren 2015 und 2017 handelte es sich dagegen um Einzeltäter, die nicht in rechtsextreme Terror-Netzwerke eingebunden waren.
Die Terrororganisation NSU verübte zwischen 2000 und 2007 Sprengstoffanschläge und erschoss neun Migranten und eine Polizistin.
Zahlreiche Unterzeichner (67000) einer Petition, 2020, für einen transparenteren Umgang mit der rassistischen Mordserie fordern Freigabe der hessischen NSU-Akten, in der Hoffnung auf erweiterte Erkenntnisse über den "Nationalsozialistischen Untergrund". Thomas Bockelmann, Intendant des Kasseler Staatstheaters und Sprecher der Gruppe,

übergab am 24. Februar 2020 die Petition in Wiesbaden der Vorsitzenden des hessischen Petitionsausschusses, Manuela Strube (SPD).

Der Staat muss Gewalt von rechts wie von links mit aller Härte verfolgen, Handlungsfähigkeit beweisen, so die Reaktion der Öffentlichkeit nach dem Anschlag in Hanau am 20.02.2020, der Bluttat aus rechtsextremistischen, rassistischen Motiven mit 11 Todesopfern einschließlich Täter. Das vergiftete gesellschaftliche Klima erweist sich zunehmend als Nährboden für rechtsterroristische Strukturen: Mordende Einzeltäter und Terroranschläge wie der Synagogenanschlag in Halle, Mord an Regierungspräsidenten Walter Lübcke in Kassel und jetzt die Bluttat als Hassverbrechen in Hanau.

Das „Bekennerschreiben" des Täters offenbart eine Sicht auf die Welt, in der die Ausländer, vor allem aus dem Süden, aus arabischen Ländern und der Türkei, an allem, was schlecht läuft, schuld seien.

Die extremistische Ideologie entwickelt sich oft aus der sogenannten Mitte der Gesellschaft und lebt vom Phantom einer Gefahrenabwehr. Es geht also nicht nur um psychologische, psychosoziale, mentale oder spirituelle Verirrungen von Einzeltätern, sondern um konsolidierten Angriff Gleichgesinnter auf demokratische Prinzipien der Rechtsstaatlichkeit, um Beseitigung von liberalen Verfassungsgrundsätzen.

Der Verfassungsschutz sieht eine weitere Form von Radikalisierungstendenzen im rechtsextremistischen Spektrum und warnt vor Strömungen, die sich zunehmend von 'Feinden' umgeben sehen und sich für den Notstand rüsten. Gezieltes Trainieren von Überlebenstechniken oder dem Anlegen von Vorräten soll zur Vorbereitung auf einen „Ernstfall“ dienen. Menschen, sie nennen sich "Prepper", bereiten sich akribisch auf mögliche Krisen und Katastrophen vor, sie bezweifeln, dass die staatliche Krisenvorsorge im Fall von Naturkatastrophen, Terroranschlägen oder Krieg funktioniert. „Prepper" zweifeln am Staat und fürchten nicht das Ende der liberalen Demokratie, sondern rüsten sich geistig für einen Bürgerkrieg. In Deutschland gibt es zwar keine einheitliche Szene, doch weist der Verfassungsschutz auf eine politische Verwandtschaft mit den "Reichsbürgern“ hin, insbesondere auf ihre Affinität zu Waffen. Nach einem möglichen Zusammenbruch der Zivilisation aufgrund der Komplexität der realen Welt, gebe es einen verständlichen Neuanfang, so ihre Ideologie.

Über das soziale Netzwerk vk.com aus Russland (Vkontakte bis 2012) ist die selbsternannte „Überlebensgruppe“ mit etwa 3800 registrierten Nutzern vernetzt.

"Rechtsextremismus und Rechtsterrorismus sind aktuell die größte Bedrohung für unsere Demokratie"

Bundesjustizministerin Christine Lambrecht (SPD)

- Entdemokratisierungstendenzen: Rassismus und Hass

Radikalisierungsmaschinen des Internets wie Facbook und You Tube sorgen für Verbreitung bedrohlicher Szenarien, verbunden mit einem radikalen Wandel der Kommunikation. Mit den Effekten der Vernetzung[16] sorgen digitale Medien für eine zunehmend kollektive Erregung. Medien durchdringen das politische, wirtschaftliche und private Leben bis in den letzten Winkel. Immer dichtere Verflechtung traditioneller und digitaler Kommunikationskanäle verdrängen medienfreie Räume. Die Medienmacht als fünfte Gewalt ist allgegenwärtig: User sind schutzlos sich viral verbreitenden manipulierten Ereignissen, skurrilen Weltanschauungen, Existenz zerstörenden Videos und Bildern, Fake-News etc. ausgesetzt. Sie su-

---

[16] Die Radikalisierung verschiebt sich immer stärker von Plattformen wie Facebook und Twitter auf für die Behörden schwerer zugängliche Kanäle wie Telegram, ein kostenloser, Cloud-basierter Instant-Messaging-Dienst zur Nutzung auf Smartphones, Tablets, Smartwatches und PCs. Behörden warnten vor so genannten Imageboards wie 4chan und 8chan, auf denen Attentäter und Amokläufer (Attentäter von Christchurch, Poway und Halle veröffentlichten ihre Manifeste auf 8chan.), aus maßgeblich rechtsextremistischen Motiven handelten, sie hatten sich nachweislich in den Foren des Imageboards radikalisiert.

chen nach der Wahrheit, bzw. nach Orientierungspunkten, eine Trennung von Gefühl und Verstand findet kaum noch statt. Aus Ohnmachtsbefindlichkeiten entstehen zunehmend Angst und Hass, elementare Abwehrimpulse als Reaktion auf Überwältigungserfahrungen. Mit rasender Geschwindigkeit verbreiten sich Gerüchte und Falschmeldungen und bilden Protest- und Wutgemeinschaften. Politische Debatten z.B. in den Talkshows werden immer starrer, ideologischer, moralischer und unversöhnlicher geführt. „Die große Gereiztheit", „Empörungsdemokratie" in Zeiten digitaler Medien, benennt sie Medienwissenschaftler Bernhard Pörksen.
So thematisiert Politik überwiegend Negatives, permanentes Schlechtmachen und Schlechtreden durch rhetorische Übertreibungen und Dramatisierungen- eine Politik des Awfulizing.
Kern des Politischen sind oft überwiegend Katastrophen, denen Bürger schutzlos ausgesetzt sind und die es dringend zu verhindern gilt.
So naht die „Rettung" in Gestalt von Rechtsextremisten, Rassisten, Nationalsozialisten und Terroristen, die die Bundesrepublik und das „kranke" liberale demokratische System verhetzen, gegen das man sich zur Wehr setzen müsse. Ein Klima des Ausnahmezustands wird geschaffen, das Gewalt als Akt der Notwehr legitimiert. Ihre Gedankenwelt vereint Verschwörungstheorien, rechte Parolen und eigene Ideologie, sie „zwingt" sowohl Einzeltäter als auch Gewalt- und Terrorgruppen zum Handeln. Die Täter wähnen sich als

Vollstrecker eines kollektiven Willens, als Verteidiger eines bedrohten Volks, einer Nation.
Sie sehen sich als Märtyrer ihres Volkes und wähnen sich in seiner vordersten Verteidigungslinie. Ihr ethnozentristischer Sozialdarwinismus ermächtigt sie, die „Minderwertigen auszumerzen". Mit einem rassistischen Blutbad Chaos stiften, Gegenreaktionen hervorrufen, um endlich das Ende der pluralen Gesellschaft einzuleiten, so ihr Plan. In einer offenen modernen Gesellschaft mit wenigem Aufwand viel Schaden anzurichten, ist ihre Botschaft an potentielle Nachahmer.

Allein mehr Personal für die Sicherheitsbehörden, Verfassungsschutz oder neue Befugnisse per Gesetz erscheinen unzureichend, um nachhaltig rechten Hasses und rechten Terror zu bekämpfen.

Drei Experten[17] als Vertreter von Zivilgesellschaft, Sicherheitsbehörden und Wissenschaft haben ein Konzept, einen Masterplan mit 12 Grundzügen entwickelt. Mit den Schwerpunkten

„Größte Gefahr für die liberale Demokratie"
„Die Verwerfungen nehmen zu, die Gegenwehr ist zu schwach"
„Antirassismus als Staatsauftrag" und
„Die Vielfalt der Gesellschaft sichtbar machen"

---

[17] *Farhad Dilmaghani, Matthias Quent, Stephan J. Kramer in: Zeit Online, 21.Februar 2020*

Gesamtgesellschaftliche Probleme können nur gesamtgesellschaftlich bearbeitet und gelöst werden, so das gemeinsame Bekenntnis der Experten (Verfassungsschutz, Initiator für eine plurale Republik und Gründungsdirektor des Instituts für Demokratie und Zivilgesellschaft) *

*siehe ANHANG 2, S. 105

„Wer hasst und hetzt, grenzt sich selber aus“

Hasnain Kazim

9. DEMOKRATIE ERNEUERN

Das westliche Modell aus Demokratie und Marktwirtschaft erlebt einen Strukturwandel, angestoßen von einem Zerfall der Öffentlichkeiten. Demokratie braucht Öffentlichkeit. Öffentliche Meinung kann dann erst entstehen, wenn Möglichkeit zur freien Rede, Austausch von Argumenten und Interessengegensätzen gewährleistet wird. Staaten, die sich in Richtung Autoritarismus entwickeln, bringen zunächst einmal die Presse und vor allem das breitenwirksame Fernsehen unter Kontrolle. Soziale Medien werden zensiert oder mit lärmender staatstragender Propaganda geflutet. Wer den Volkswillen brechen will, muss ihm zunächst seine Ausdrucksmöglichkeiten nehmen.

Wo nach wie vor Meinungsfreiheit herrscht, geraten die Verhältnisse zusehends durcheinander. Politik ist erratisch geworden. Die Polarisierung nimmt zu. Umschwünge in der öffentlichen Meinung und Kurswechsel in der offiziellen Politik können jederzeit unerwartet auftreten, Empörung und argumentative Kurzschlüsse können dann auch Unvernünftiges produzieren.

Der offene Diskurs ist das Mittel in liberalen Gesellschaften, eine Vielzahl von Argumenten und Blickwinkeln zuzulassen und abzuwägen: Relevante Fakten, beste Deutungen der Wirklichkeit und berechtigte Interessen – die Suche nach Wahrheit- sind tragende Elemente und große Stärke des westlichen Systems.

Die westliche Welt erlebt aber eine zunehmende Vertrauenskrise des demokratischen Staats, Menschen trauen den staatlichen Institutionen immer weniger zu, komplexe Probleme zu lösen.
So haben Bürger u. a. zunehmend ein Problem mit dem Wirtschafts- und Gesellschaftssystem, insbesondere mit der dysfunktionalen Gesellschaftsform, die die Interessen der Mehrheit der Gesellschaft nicht mehr vertritt.
Allerdings wird mehrheitlich der starke Sozialstaat mit Gewährleistung hoher sozialer Absicherung lobend und wertschätzend hervorgehoben.
Während die Privilegierten, sog. Elite, gut ausgebildete Menschen mit hohem Einkommen, zu den Gewinnern von Globalisierung und technologischem Wandel gehören und ein höheres Vertrauen in den Staat und seine Institutionen als der Durchschnitt der gesamten Bevölkerung haben, beklagen immer mehr Menschen die zunehmend höhere Ungleichheit bei Vermögen und geringere Aufstiegschancen durch Bildung und Arbeit.
Der gesellschaftliche Zusammenhalt in Deutschland wird vom Vertrauensverlust der Menschen in den Staat und von politischen Verwerfungen der Parteien geprägt. Der Ruf nach dringend anstehenden Reformen ist unüberhörbar.
Ist die aktuell erlebte Demokratie noch zeitgemäß oder bedarf sie eines „Updates“?

In einer demokratischen Beteiligungskultur erwartet der mündige Bürger die Stärkung demokratischer Teilhabe und Entscheidungskompetenz als Ergänzung zur parlamentarischen Politik, besonders effizient erweist sich daher Engagement auf kommunaler und regionaler Ebene. Vielfalt der Meinungen spiegelt sich in den Volksvertretungen, der repräsentativen Demokratie.

Im April 2017 wurde in diesem Geist die Partei "Demokratie in Bewegung" (DiB) gegründet, verstanden als „demokratischen Neuanfang" und setzt sich im Kern für eine stärkere Mitbestimmung und höhere Transparenz in der Politik ein mit dem Ziel einer „gerechten, vielfältigen und zukunftsgewandten" Gesellschaft. DiB bekennt sich zu Rechtsstaatlichkeit, Frieden und Freiheit und lehnt jede Form von Rassismus, Fremdenfeindlichkeit, Sexismus oder Ausgrenzung ab. Ihre politische Basis beschreibt die Partei mit vier Grundwert-Blöcken: „Demokratie, Mitbestimmung und Transparenz“ - „Soziale, politische, wirtschaftliche und ökologische Gerechtigkeit“, - „Weltoffenheit und Vielfalt“ sowie- „Zukunftsorientierung und Nachhaltigkeit“. Soziale Ungleichheit soll ausgeglichen werden, indem jedem gleiche Chance auf gesellschaftlicher Teilhabe im Sinne einer „solidarischen und gerechten" Gemeinschaft ermöglicht werden soll, ohne existenzielle Befürchtungen.

Das Verständnis der DiB ist eine ideologiefreie, wertebasierte Politik mit den gemeinsamen Grundwerten: demokratisch, gerecht, weltoffen,

zukunftsorientiert. Mitbestimmung engagierter Bürger erfolgt auf der DiB online Abstimmungsplattform.
Im demokratischen Alltagsleben wird eine Mehrheitsentscheidung gegen eine Minderheitsmeinung getroffen, oder es werden Kompromisse gefunden, mit denen alle Seiten wenig zufrieden sind; Konflikte, Widerstände oder dauerhafte Unzufriedenheit bleiben mit dem Ergebnis bestehen. Dieser Mehrheitsentscheidung wird das Modell des „systemischen Konsensierens“ als alternative Abstimmungsmethode gegenübergestellt:
Demokratische Entscheidungen sollen mit der größtmöglichen Akzeptanz aller gefunden werden, wobei nicht nach der Zustimmung zu einem Vorschlag gefragt, sondern der Widerstand der Abstimmenden gemessen wird. Widerstand Einzelner oder einer Minderheit wird nicht überstimmt, sondern Lösungsvorschläge zum Problem mit breiter Akzeptanz ersetzt, bzw. Vorschläge respektiert und aufgearbeitet. Der Prozess der Entscheidungs- und Ergebnisfindung verhindert weitgehend, dass übermächtige Einflussnahme Druck aufbaut, Alternativen blockiert und damit zwangsläufig Widerstand erzeugt.
Die Haltung, gemeinsam Lösungen zu finden und umzusetzen, ermöglicht hingegen Vertrauensbildung und Gemeinsinn in einer wertschätzenden Debattenkultur.

„Einst waren die Volksparteien stabile Tanker, heute hält es auf deren rutschigen Kommandobrücken niemand mehr lange aus“

Wulf Schmiese, Journalist und Leiter vom ‚heute journal‘, 2020

- Partitokratie vs. Demokratie

Der Begriff der Partitokratie verweist auf die sich ausufernde Bürokratie politischer Parteien. Hans Herbert von Arnim bezeichnet die etablierten Parteien als „Parteienkartell". Die wichtigsten und einzigartigen Akteure der politischen Szene sind die großen politischen Parteien.
Hinter der parlamentarischen Fassade und demokratischen Regierung sind die Parteien die wahren Machthaber im Staat. Das Parteienkartell handhabt die Macht in erster Linie zum eigenen Nutzen, zum eigenen Vorteil. Partitokratie stellt eine systematische Verformung der Demokratie dar, jede Partei muss den anderen systematisch angreifen. Mit dem Wandel von parlamentarischer Demokratie zu Partitokratie, zu selbstbezüglichen und nahezu austauschbaren Parteimaschinen, leidet das Repräsentationsverhältnis zwischen Abgeordneten und Wählern stark.
Das Eigeninteresse des Politikers hat zusehends weniger mit den Interessen und Werten seiner Wähler zu tun, die er doch repräsentieren soll, gleichzeitig wird dem Bürger seine per Wahl übertragene Souveränität entzogen.
Es sei eine Illusion, für unsere Parteien stände die Situation unseres Staates und seiner Bevölkerung im Vordergrund. In Wirklichkeit gehe es ihnen fast nur noch um den Machterhalt ihrer Berufspolitiker, um deren finanzielle Bereicherung. Die etablierten Parteien, („Kartellparteien"), genehmigen sich in eigener Sache Geld (Abgeordnetendiä-

ten, Mitarbeiter, Kostenpauschalen, Fraktionsgelder, Parteizuschüsse, parteinahe Stiftungen).
Selbst das Prinzip der Gewaltenteilung sei aufgehoben, weil die Regierungspartei(en) die Regierung stellten, so Hans Herbert von Arnim.
Die meisten Abgeordneten werden vom Wähler zunehmend nicht mehr als Volksvertreter anerkannt, sondern als Instrumente der Parteifunktionäre. Die Parteien-Allmacht ersetzt das Volk, das nach Artikel 20 Grundgesetz doch der Souverän ist, von dem alle Macht ausgeht.
Politiker jeglicher Couleur verfolgen die gleichen Standesinteressen, sind sie doch in der Regel Teil desselben privilegierten und privilegienorientierten Establishments.
So verantwortet die Partitokratie den zunehmenden Verfall der parlamentarischen Demokratie und damit die Entmündigung ihrer Wähler. Das politische Geschehen mutiert teilweise zur „Showpolitik“ mit wachsenden populistischen Auswüchsen.
Politische Akteure müssen die Öffentlichkeit informieren, politisches Handeln begründen, analysieren, kritisieren und rechtfertigen. Sie bewerten bestimmte Sachverhalte positiv oder negativ, stützen die eigene Position argumentativ, stellen sich glaubwürdig dar, greifen die gegnerische Position argumentativ an und werten den Gegner ab.
In einer sehr leistungsorientierten Gesellschaft wird Ehrgeiz als eine weithin anerkannte Tugend gesehen, eine Voraussetzung für nachhaltigen Erfolg. Aus Sicht der Bürger und Wähler darf

jedoch die politische Ambition der Parlamentarier nicht als Selbstzweck für die persönliche Karriereplanung, für eigenes egoistisch geprägtes Fortkommen dienen. Das verzeiht ein großer Teil der Wählerschaft nicht und verweigert die Zustimmung. Die Unterstützung des Volkes wird dem Politiker dann eher zuteil, wenn er seine Entscheidung über seine „Inszenierung“ sinnfällig darstellt, d.h. er muss authentisch sein, um die Wähler zu erreichen und um mehrheitsfähig zu sein.

Die repräsentative Demokratie erscheint vielen Bürgern krank und entspreche nicht mehr dem Zeitgeist moderner Gesellschaften. Politische Beteiligung, Meinungsbildung und Einflussnahme spielten sich nicht mehr innerhalb des politischen Systems ab. Die repräsentative Demokratie wäre wieder attraktiver, wenn die Repräsentierten davon überzeugt wären, dass Entscheidungen abgewogen und diskutiert statt ideologisch abgeleitet und der Parteiraison unterworfen würden.

„Demokratie ist ein politisches Arrangement, in dem Regierungen durch Wahlen bestimmt werden und Menschen eine realistische Chance haben, Amtsinhaber loszuwerden, die ihnen nicht gefallen.“

Philip Manow

- Politiker überfordert, Bürger verprellt

Die Ereignisse in Thüringen, die Wahl des FDP-Politikers Thomas Kemmerich zum Ministerpräsidenten 2020, sind ein Zeichen für den Verfall der liberalen Demokratie. So haben Union und FDP in Kauf genommen, dass ein bürgerlicher Kandidat mit den Stimmen der AfD zum Ministerpräsidenten gewählt wird. Björn Höcke, dem rechtsextremen Landeschef der AfD, der die bürgerlichen Parteien bloßgestellt hat, kann triumphieren, der Schaden für die liberale Demokratie bleibt. Mitte-Rechts-Politiker unterlagen dem Irrtum, ihr wichtigster oder gar einziger Gegner stehe ganz links. Die AfD sei nicht die Ursache der Probleme, sondern das Symptom, so die Meinung vieler Politiker der Grünen, der Linken und der Sozialdemokraten.
Der Richtungsstreit innerhalb der Union mit der Werteunion, diese schließt eine Zusammenarbeit zwischen CDU und AfD nicht grundsätzlich aus, führt zum Rückzug der CDU-Vorsitzenden Kramp-Karrenbauer. Bundeskanzlerin Merkel entlässt den Ostbeauftragen der Bundesregierung, Christian Hirte; sie telefonierte mit Bodo Ramelow und verstärkte so den Eindruck, dass sie bereit war, den Mann von der Linkspartei wieder ins zu Amt zu heben. Die Unvereinbarkeitsbeschlüsse der CDU, die so etwas ausschließen, ignoriert sie. „Wir zerlegen uns gerade“, warnt Wolfgang Schäuble seine Parteifreunde. Es drohten nun über Wochen und Monate Flügelkämpfe ohne Partei-

vorsitz, das absehbare Führungsvakuum ist ein Desaster für die gesamte Bundesregierung, denn die Koalition könne daran auseinander brechen.
Aus der Sicht der Wähler und Bürger bestätigt die umstrittene Wahl Kemmerichs zum Ministerpräsidenten ihre berechtigten Befürchtungen, dass ihre Wahlentscheidung zum Landtag keine Relevanz für Entscheidungen der politisch Verantwortlichen habe, solang es um Machterhalt gehe; dies untergräbt den Glauben an die Demokratie. Das Ansehen der demokratischen Parteien hat durch das Verhalten von CDU und FDP in Thüringen insgesamt Schaden genommen, die desaströsen Entwicklungen haben die Zerrüttung des politischen Systems, eine Unterhöhlung der Demokratie, zufolge.
Merkels Äußerungen zu Thüringen während ihres Besuchs in Südafrika, die Wahl Kemmerichs mit den Stimmen auch von CDU und AfD sei „unverzeihlich“, sie sei „rückgängig“ zu machen, bewertet AfD-Chef Jörg Meuthen als klaren Fall von Amtsmissbrauch mit Verletzung der Chancengleichheit der Parteien. Sie bekleide keine relevante Funktion mehr in der CDU und sei nicht als CDU-Mitglied sondern als deutsche Regierungschefin im afrikanischen Ausland unterwegs.
Die AfD plant nun, eine Abmahnung mit Unterlassungserklärung gegen Merkel einzureichen, in der der Bundeskanzlerin Amtsmissbrauch vorgeworfen wird.
Mehrere CDU-Leute und viele Bürger berichten, dass sie sehr „verärgert“ seien; es herrsche Unver-

ständnis über die Äußerungen Merkels („unverzeihlich“, „rückgängig“ machen) Erinnerung an das demokratische Verständnis der DDR würden wach.

Vizechef der Thüringer CDU-Fraktion, Michael Heym, missfällt ebenso die Reaktion der Bundes-CDU. Er habe kein Verständnis, das Ergebnis 'rückgängig' zu machen, „man tut der Demokratie keinen Gefallen, wenn man ein Viertel der Wählerschaft verprellt", so Heym. Man müsse sich nicht wundern, „wenn sich Leute, die vor 30 Jahren auf die Straße gegangen sind, angewidert von den etablierten Parteien abwenden“.

Das unsägliche Gerangel innerhalb der CDU und mit den anderen Parteien verdeutlicht, wie instabil das deutsche Parteiensystem geworden ist, bis hin zur möglichen Regierungskrise. Die Parteiendemokratie, wie wir sie kennen, sei ein Auslaufmodell, davon ist Prof. Brigitte Geißel, die Leiterin der Forschungsstelle „Demokratische Innovationen“ der Frankfurter Goethe-Universität überzeugt. Sinkende Wahlbeteiligung und steigendes Misstrauen in die Politiker sind für sie Belege des nahenden Endes der Parteiendemokratie.

Das politische System im Ganzen und die Parteien im Einzelnen haben es im Blick auf Digitalisierung und Globalisierung versäumt, sich ernsthaft zu hinterfragen und das Bedürfnis nach neuen Partizipationsformen ernst zu nehmen. Zu oft herrscht Angst vor nicht einschätzbaren Veränderungen und sicherlich erst recht vor Machtverlust. So wird Politik seitens der Bürger zusehends weniger als Streit oder Austausch empfunden, sondern als harsche Machtausübung. Die erklärte Alternativlosigkeit wird mit Worten vorbereitet und im Parlament perfektioniert und vollendet.

"Regierungen müssen Formeln finden, um die zunehmende Polarisierung wirksam zu bekämpfen. Wenn sie politischer Apathie entgegenwirken wollen, sollten sie Lösungen anbieten, die langfristigen Erfolg und Lösung sicherstellen, anstatt Konfliktlinien zu verstärken."

Aart De Geus, Vorstandsvorsitzender der Bertelsmann Stiftung

10. HERAUSFORDERUNGEN

"Trotz des anhaltenden quantitativen Anstiegs der Demokratien in der Welt schwindet die Qualität der Demokratien in der Welt", befindet das in Stockholm ansässige IDEA-Institut.

Der Anteil schwacher und fragiler Demokratien hat in den letzten zehn Jahren erheblich zugenommen, und der sogenannte „demokratische Rückfall“ ist eng mit dem Aufstieg links- und rechtspopulistischer Parteien verbunden. Wähler werden von populistischen Alternativen angelockt, die effektivere Lösungen für die aktuellen globalen sozioökonomischen Herausforderungen versprechen. „Wir sollten nicht in Panik geraten“, sagt die stellvertretende Direktorin und Hauptautorin von V-Dem, Anna Lührmann.[18]

Obwohl sie es „besorgniserregend" findet, dass sich der Trend zu Führern, zu „starken Männern“ fortsetzt, haben wir noch keinen "Krisenpunkt" erreicht, wo etablierte Demokratien wie Dominosteine fallen.

Die weltweite Problemlage mit genereller Komplexität künftiger Herausforderungen vor unübersichtlichen Bedrohungslagen belastet die Demokratie: Klimawandel und demographischer Wandel, globale Armut, Cyber Crime, transnationaler

---

[18] stellvertretende Direktorin des Instituts Varieties of Democracy (V-Dem) und Assistenzprofessor an der Universität Göteborg

Terrorismus, asymmetrische Kriege usw. Inkrementalistische Lösungen, Prinzip der kleinen Schritte, schwächen das Ansehen und die Akzeptanz der Demokratie zusätzlich. In Europa wird bereits vom „democratic backslide" gesprochen, Vorboten einer ernsthaften Krise? Die parteipolitische Polarisierung zwischen "der Linken" und "der Rechten" hat in fast allen Ländern zugenommen. Regierungen vermögen kaum noch ihre Ziele kohärent zu kommunizieren oder einen Konsens über die Fakten zu erzielen; die Umsetzung und die Qualität langfristiger politischer Lösungen leiden darunter. Energischere Reformen müssten durch- und umgesetzte werden, um den erodierenden Standards der Demokratie und der zunehmenden politischen Polarisierung zu begegnen.
In etablierten Demokratien fragen sich viele Bürger, ob traditionelle politische Parteien mit aktuellen Herausforderungen und Krisen noch umgehen können, deswegen haben sich Misstrauen und Apathie der Wähler erhöht. Allerdings sind aber auch Bürger ermutigt, alternative Wege des politischen Handelns zu unterstützen, was den Aufstieg ideologisch extremistischer Parteien und Bewegungen begünstigt.
In etablierten Demokratien sind zunehmend Parteiensysteme bedroht: Traditionelle politische Führung ist zwischen der Zentralisierung politischer Entscheidungen einerseits und unzufriedenen Wählern andererseits gefangen. Es muss gelingen, das Vertrauen der Öffentlichkeit in politische Parteien, parlamentarische Institutionen und

politische Führer wiederherzustellen und die Demokratie in einer sich verändernden Welt widerstandsfähiger zu machen.
Demokratische Widerstandsfähigkeit ist eng verknüpft mit demokratischer Resilienz, d.h. komplexe Herausforderungen und Krisen zu bewältigen, zu überleben und sich davon zu erholen. Flexibilität, Erholung, Anpassung und Innovation werden als Merkmale eines widerstandsfähigen sozialen Systems benannt.[19]

[19] Vgl. GSoD-Indizes, The Global State of Democracy 201

„Alle Staatsgewalt geht vom Volke aus.
Doch man hat nie gehört,
daß sie jemals dahin zurückgekehrt ist."

Kurt Tucholsky

11. GESAMTSICHT

Nach dem Ende des Kalten Krieges wurde das liberal-demokratische Modell westlicher Prägung alternativlos. Heute zerbrechen zunehmend weltweit Demokratien, zersetzt von Populismus, Nationalismus und der Abkehr von freiheitlichen Werten.

Eine zunehmende Besorgnis über die Zukunft der Demokratie erfasst die ganze Welt. Die zukünftige Entwicklung der liberalen Demokratie erscheint durch ermutigte Autokraten und aufstrebende Populisten erschüttert, selbst seit langem etablierte konsolidierte Demokratien verlieren ihr Engagement für die Freiheit. Wachsende wirtschaftliche und soziale Ungleichheit generieren weltweit Nationalismus sowie Rechts- und Linkspopulismus. Demokratien werden verletzbar, denn demokratische Spielregeln, Normen gegenseitiger Achtung, werden ausgenutzt oder missachtet, um rechtsstaatliche Verfassungen auszuhöhlen bzw. zu zerstören.
Extreme politische Polarisierung und die Nutzung des Internets für Propagandazwecke, zur Manipulation der öffentlichen Meinung und des Wählerverhaltens, sind beunruhigende Trends. Nicht nur globale Unternehmen nutzen Persuasive-Computing-Technologien auf Basis des Onlineverhaltens der Nutzer, sondern auch Regierungen haben begonnen, diese Technologien einzusetzen, um Bürger in eine Richtung zu „stupsen“, die ihre

Politik unterstützt. Derartige Anstöße, „Nudgings", beeinflussen Entscheidungen in eine vom Staat oder anderen politisch motivierten Akteuren gewünschte Richtung.
So wird im Blick auf unvorhersehbare Folgen und dem Zerfall der pluralistischen Demokratie eindringlich gewarnt: Regierungen sind in der Pflicht, die Verwendung von Big Data und künstlicher Intelligenz im Sinn von Rechtsstaatlichkeit, Pluralismus und Gemeinwohl zu regulieren.
Die Demokratie verliert immer mehr an sozialer Zustimmung, denn Bürger erleben zusehends die Unfähigkeit der liberalen Demokratie, sich gegenüber der Wirtschaft durchzusetzen. Immer größere Teile der demokratischen Infrastruktur und der Lebenswelten werden den Marktimperativen unterworfen, sogar die repräsentative Demokratie scheint Oper des expansionistischen Kapitalismus zu werden. Die Demokratie sei nur als soziale Demokratie zu retten und Europa und die Welt seien heute reif für die Gedanken einer Reform der Besitzordnung und Güterverteilung, die die liberale zur sozialen Demokratie transformiere.[20]
Aber nicht nur ein entgrenzter Lobbyismus und technokratische Machenschaften höhlen die demokratischen Qualitäten politischer Gemeinwesen

[20] Vgl. „Was stimmt nicht mit der Demokratie?": Eine Debatte mit Klaus Dörre, Nancy Fraser, Stephan Lessenich und Hartmut Rosa (suhrkamp taschenbuch wissenschaft) (Deutsch) 12. August 2019

aus. Aktuell wird insbesondere der globale Konflikt auf das Verhältnis demokratisch-kapitalistischer Gesellschaften zur Natur und Umwelt virulent. Ihre Entgrenzung besteht darin, dass Demokratien zur Gewährleistung der gesellschaftlichen Teilhabe auf einem uneingeschränkten Zugriff auf natürliche Ressourcen baut: Hemmungsloser Raubbau, strukturell nicht nachhaltige Produktions- und Lebensweise und deren Folgen (Klima! Umwelt!) auf Kosten zukünftiger Generationen.

Die relative Stabilität von Demokratien beruhte schon immer auf der der Ausbeutung der Nichtdemokratien: Enteignung und Ausbeutung von Menschen und Natur sind und waren die Garanten des Wohlstands und der demokratischen Stabilität westlicher Industrieländer.[21]

Liberale Demokratien werden aber mittlerweile zusehends durch den Finanzmarktkapitalismus untergraben und destabilisiert, wachsende soziale Ungleichheit und die Zerstörung der Lebenswelt sind die Folge.

---

[21] Eine neue Studie, die Greenpeace' Rechercheeinheit Unearthed zusammen mit der Schweizer Organisation Public Eye vorgelegt hat, belegt, wie die größten fünf Agrochemiekonzerne der Welt (darunter Bayer, BASF und der zu ChemChina gehörende Schweizer Konzern Syngenta) ihre Pflanzenschutzmittel - hochtoxische Pestizide - als Stützen der Welternährung inszenieren und vermarkten, obwohl die lokale Bevölkerung und die Umwelt durch die Gifte erheblichen Gefahren ausgesetzt sind. Und zwar vor allem in Entwicklungs- und Schwellenländern.

Fehlender politischer und gesellschaftlicher Zusammenhalt trübte auch das 50. WEF-Jahrestreffen 2020 in Davos. Unterschiedliche Welten und Sichtweisen hinsichtlich Umweltschutz, wirtschaftlicher Ungleichheit, guter Unternehmensführung, technologischer Revolution, Zukunft der Arbeit, Geopolitik und internationaler Kooperation sowie Herausforderungen für den Gesundheitssektor wurden von globalen Spannungen und Konflikten sowie dem Aufstieg nationalistischer und populistischer Politiker überschattet. Die Veranstalter beklagten eine „Erosion der internationalen Solidarität" in einer stärker gespaltenen Welt.

Beklagt wurde von Sergej Lawrow, Russlands Außenminister, dass statt des regelbasierten Multilateralismus zunehmend das Recht des Stärkeren dominiere und warnt vor einer unberechenbaren „Barbarisierung der internationalen Beziehungen." Meint er auch das militärische Engagement Russlands in Syrien?
Gemeint war wohl eher Trump, der versuche, die Welt zu „bilateralisieren", in lauter Einzelbeziehungen aufzusplitten und Konflikte mit jedem Land einzeln auszufechten.

„Die Demokratie ist angegriffen, aber nicht schutzlos", so Staatsrechtler Christoph Möllers im Deutschlandfunk, 08. März 2020. Die Folgen der Coronavirus-Ausbreitung offenbaren die Fragilität der globalen Wirtschaft mit ihren vernetzten Lieferketten und sehr eng getakten Produktionsplänen. Unternehmen stehen zum Teil vor großen Problemen mit unmittelbaren Folgen für die Gesamtgesellschaft. Das Virus wird relevant für die Freiheitsverteilung in der Gesellschaft. Vom Coronavirus, von der Pandemie, werden auch Grundrechte berührt. Personen werden in Quarantäne gesetzt, damit wird ihr Recht auf Bewegungsfreiheit massiv eingeschränkt. Mit dem Infektionsschutzgesetz wird nicht nur die Versammlungsfreiheit eingeschränkt, sondern auch einzelne Personen können isoliert, ihre Post kann gelesen und in das Recht auf Unverletzlichkeit der Wohnung eingegriffen werden.

„In der Krise sind offenbar Tempo, Entschiedenheit, Einheitlichkeit gefragt. Und das sind nicht die Stärken der Demokratie. Demokratien stehen im Verdacht, zu langsam und zu unentschieden zu sein, um große Gefahren lösen zu können. Sind autoritäre Regime hier im Vorteil?“, so Dirk Kurbjuweit im Essay vom 13.03.2020 (Der Spiegel: „Die Stunde des starken Staats“).

Das Fundament des westlichen Wohlstands scheint gefährdet und über eine Neuordnung, im Sinn einer „Teil-Deglobalisierung“, wird bereits nachgedacht: Auf dem Weg in eine nationalstaatlich ausgerichtete Wirtschaftsordnung, Protektionismus nach Vorbild von US-Präsident Donald Trump und Einschränkung rechtsstaatlicher Grundsätze?

Als unumgänglicher Baustein einer Politik der Mitte hat eine Sozialstaatsorientierung zentrale Bedeutung für die Zukunftsfähigkeit. Nur staatlich organisierte und auch kontrollierte Anspruchsrechte können soziale Gerechtigkeit sicherstellen und damit Demokratie schützen und stärken:
Demokratische Parteien müssen immer wieder um Positionen ringen und zuweilen ihre Grundwerte auch gegen eigene Mitglieder und Funktionäre verteidigen.
Für eine offene und demokratische Gesellschaft einzutreten, ist eine enorm schwierige Aufgabe. Einerseits muss Kritik am Status quo geübt werden, ohne andererseits „das System" zu desavouieren. Verantwortliche politische Akteure, „Links-Mitte-Rechts", müssen für Reformen und Veränderungen kämpfen, um die Grundwerte der politischen Ordnung verteidigen zu können, den politischen Wettbewerb auf internationaler Ebene zu ermöglichen und europäische und internationale Institutionen mit regulatorischer Kraft auch zur Verhinderung von neoliberalen Auswüchsen auszustatten.

Bestandteile jeder freien Gesellschaft definieren sich am Prinzip der offenen Gesellschaft, der Bereitschaft zu internationalen Bindungen und Verflechtungen, in der Durchsetzung der Bürgerrechte für alle und dem wirtschaftlichen Wohlstand.

Liberale Demokratien erweisen sich in einem demokratiefördernden internationalen Umfeld dann als stabil, wenn ein hohes marktwirtschaftliches und gesellschaftliches Entwicklungsniveau in einer offenen und vielfältigen (pluralistischen) Gesellschaft gewährleistet wird.

Politische, wirtschaftliche und kulturelle Macht, breit gestreut, fördert und unterstützt individuelle Selbstbestimmung und Freiheit der Bürger auf der Grundlage freiheitssichernder Verfassung. An Demokratie interessierte politische Eliten schützen in Einvernehmen mit den Bürgern vor Machtmissbrauch durch politische Kontrollen.

Missstände und gefährliche Entwicklungen, denen entgegengewirkt werden müsse, verlangten ein umfassendes politisch-gesellschaftliches Gesamtkonzept, ein „New Deal Ost", so Michael Kraske.[22]

.

[22] Vgl. Michael Krake, „Der Riss: Wie die Radikalisierung im Osten unser Zusammenleben zerstört" , Ullstein Buchverlage, 28.02.2020

Uneingeschränkte Toleranz führe mit Notwendigkeit zum Verschwinden der Toleranz. Die uneingeschränkte Toleranz auch für die Intoleranten werde die Toleranten und mit ihnen die Toleranz vernichten.

Karl Popper

12. FAZIT

Standhaft gegenüber Demokratieverächtern aufzutreten, ist die wichtigste Aufgabe der repräsentativen Demokratie, d.h. es müssen über Lagergrenzen hinweg Koalitionen organisiert und Verantwortung übernommen werden.
Gewaltenteilung im Rechtsstaat ist für die Freiheit einer liberalen Gesellschaft ein hohes Gut, das die Monopolisierung der Macht in der repräsentativen Demokratie relativiert.
Auch konservative Vorbehalte gegenüber der Linken im Osten der Republik rechtfertigen nicht ihre Ausgrenzung, denn sie müssen als Teil des demokratischen Spektrums respektiert werden. Ein Großteil der rhetorisch, ideologisch und personell rassistisch, autoritär und völkisch-nationalistisch ausgerichteten Rechtsextremen, die Antidemokraten, müssten jedoch bei erwiesenen Verstößen gegen die Rechtsstaatlichkeit von der politischen Verantwortung ausgeschlossen werden.

Mit dem gegenwärtigen Populismus stellt sich die Frage nach dem Verhältnis zwischen Präsenz und Repräsentanz und schließt die Frage ein, was in der Demokratie als repräsentierbar eingeschlossen und was als nichtrepräsentierbar ausgeschlossen werden müsse. Populismus markiere das Aufbrechen eines Ausschlusses, Rückkehr des Verdrängten als die Rückkehr des vom repräsentativ-liberalen System verdrängten politischen Souveräns, so Philip Manow (Essay Merkur 847, De-

zember 2019). Das Problem der Demokratisierung der Demokratie sei das Problem der sich beständig ausweitenden Partizipationschancen ohne Repräsentation; keine Krise der Demokratie, sondern eine Krise der demokratischen Repräsentation, so seine These.[23]
Die Demokratie als Idee ist von der Demokratie als Praxis überholt. Keine soziale, politische Gruppe, kein Bildungsstand, wohlfahrtsstaatlicher Empfänger usw. könnten heute noch politisch ausschließbar sein.
So ist daher immer auch Populismus eine mögliche Erscheinungsform des Demokratischen, die regierende Mehrheit muss sich weg von einem politischen Ausschließungsmechanismus um eine Form demokratischer Regulierung bemühen.
Ein Gesamtkonzept muss geschaffen werden, um Unzufriedenheit, erlebte Ungerechtigkeiten in einer polarisierten Gesellschaft zu korrigieren und Misstrauen abzubauen. Eine „Demokratieoffensive“* muss die wachsende Diskrepanz zwischen dem Verfassungsanspruch und dem gestörten gesellschaftlichen Zusammenhalt wieder herstellen.

---

[23] Vgl. Philip Manow, Merkur, Dezember 2019: Vorabveröffentlichung aus einem am 06. April 2020 bei edition suhrkamp erscheinenden Essay: „(Ent-)Demokratisierung der Demokratie“

*„Demokratie stärken – Dem Hass keine Chance geben“ Deutscher Bundestag Drucksache 18/7553 18. Wahlperiode 17.02.2016, siehe Anhang 3, S. 110

„Demokratie braucht Streit, nämlich den Wettstreit um die besseren Argumente, die besseren Ideen, die besseren Lösungen. Debatte, Diskussion, Streit sind wesentlicher Bestandteil einer demokratischen Kultur“.

Kazim, Hasnain

Paragraph 1 Bertolt Brecht

- 1 Die Staatsgewalt geht vom Volke aus.
- Aber wo geht sie hin? Ja, wo geht sie wohl hin. Irgendwo geht sie doch hin!
- Der Polizist geht aus dem Haus- Aber wo geht er hin?

- 2 Seht, jetzt marschiert das große Trumm- Aber wo marschiert es hin? Ja, wo marschiert es wohl hin? Irgendwo marschiert das doch hin! Jetzt schwenkt es um das Haus herum- Aber wo schwenkt es hin?

-

- 3 Die Staatsgewalt macht plötzlich halt. Da sieht sie etwas stehn- Was sieht sie denn da stehn? Da sieht sie etwas stehn. Und plötzlich schreit die Staatsgewalt. Sie schreit: Auseinandergehn! - Warum auseinandergehn? Sie schreit: Auseinandergehn!

-

- 4 Da steht so etwas zusammengeballt Und etwas fragt: warum? Warum fragt es denn warum? Da fragt so was warum! Da schießt natürlich die Staatsgewalt Und da fällt so etwas um. Was fällt denn da so um? Warum fällt es denn gleich um?

-

- 5 Die Staatsgewalt sieht: da liegt was im Kot. Irgendwas liegt im Kot! Was liegt denn da im Kot? Irgendwas liegt doch im Kot. Da liegt etwas, das ist mausetot Aber das ist ja das Volk! Ist denn das wirklich das Volk? Ja, das ist wirklich das Volk.

13. ANHANG

-Anhang 1

Instituts Varieties of Democracy (V-Dem) 24 unterscheidet verschiedene Arten politischer Systeme:

- Liberale oder vollständige Demokratie: Grundrechte garantiert, Rechtsstaatlichkeit herrscht, Gewaltenteilung gewährleistet
- Illiberale oder fehlerhafte Demokratie: freie und faire Wahlen, Grundrechte (wie Pressefreiheit) unter Druck
- Hybride Regime: Wahlen, aber manipuliert; Grundrechte unter Druck, Rechtsstaatlichkeit und Gewaltenteilung gefährdet, Verfolgung politischer Opposition
- Autokratie: absolute Monarchie oder Diktatur, minimaler Pluralismus, manipulierte Stimmen, staatliche oder staatsfreundliche Medien, Zensur, Verfolgung politischer Kritiker

Systeme mit einem weitreichenden Mechanismus zur Aufteilung der Macht zwischen Regierung, Parlament, Parteien, Regionalbehörden und anderen Institutionen - so genannte Proportional- oder Konsensdemokratien – führen zu einer vergleichsweise hohen Zufriedenheitsrate. Bürger, die in Ländern mit entwickelten direkten demo-

---

[24] Vgl. "Democracy Facing Global Challenges" – V-Dem Annual Democracy Report 2019

kratischen Institutionen leben, sind laut einer Langzeitstudie mit der Politik zufriedener als diejenigen in zentralisierten demokratischen Systemen.
Demokratien mit starken Machtverteilungssystemen können aber nur dann ordnungsgemäß funktionieren, wenn sie über starke und stabile Institutionen und eine politische Elite verfügen, die bereit und willens ist, einen Dialog und Kompromisse einzugehen.

"Weltweit gibt es eine breite Unterstützung für repräsentative und direkte Demokratie", betont Richard Wike, Direktor des Forschungsprojekts für globale Einstellungen (Sustainable Governance Indicators (SGI). Konkret sprachen sich 78 % der Befragten für repräsentative Regierungen aus, während 66 % über direkte Demokratie ein Mitspracherecht in der Politik haben wollten.
Die Umfrage ergab jedoch auch, dass viele Menschen eine positive Seite nichtdemokratischer Systeme sehen, wie z. B. Regierungen, die von Experten, starken Männern oder der Armee geführt werden. Insgesamt erwiesen sich 23 % der Befragten als „engagierte Demokraten“, während 47% sich für die Demokratie aussprachen und auch einige Vorteile in nichtdemokratischen Systemen sahen. Etwa 13 % fühlten sich in einem nicht demokratischen Land wohler.

Das Modell der liberalen Demokratie gerate auch in der OECD und in der EU zunehmend unter

Druck", erklärt Daniel Schraad-Tischler, Senior Analyst und Co-Autor der Studie.25 "In einigen Ländern sind zentrale demokratische und verfassungsrechtliche Standards - beispielsweise die Medienfreiheit - bereits stark beschädigt." Trotz der abnehmenden Qualität der Demokratie habe das Vertrauen der Bürger in die Regierung in Ländern wie Polen, Ungarn und der Türkei tatsächlich zugenommen. Diese Entwicklung zeige, dass in diesen Ländern grundlegende demokratische Werte im politischen Bewusstsein eines großen Teils der Bevölkerung nicht ausreichend verankert zu sein scheinen", so Schraad-Tischler.

[25] Internationale Studie der Bertelsmann Stiftung zur Qualität der Governance zeigen, erodierende Standards der Demokratie und zunehmende politische Polarisierung sind Behinderung der Umsetzung nachhaltiger Reformen

Anhang 2

Wir als Vertreter von Zivilgesellschaft, Sicherheitsbehörden und Wissenschaft schlagen daher die folgenden Grundzüge eines Masterplans gegen Rechtsextremismus vor, der fortwährend überprüft und angepasst werden muss:

1) Antirassismus und Demokratieförderung werden als Staatsauftrag in die Verfassung des Bundes und in die Verfassungen der Länder aufgenommen – nach dem Vorbild des Landes Brandenburg. Ebenso braucht es ein Bekenntnis zu Deutschland als Einwanderungsland und die aktive Förderung der Chancengleichheit im Grundgesetz. Der Begriff "Rasse" muss endlich aus dem Grundgesetz gestrichen werden. Es gibt keine "Rassen". Der Begriff ist ein pseudowissenschaftliches Konstrukt, der die Ungleichheit von Menschen postuliert.

2) Strukturen schaffen: Die Demokratieförderung auf kommunaler Ebene, auf Länder- und Bundesebene muss durch ein Demokratiefördergesetz sichergestellt und ausgebaut werden; wie viel Budget dafür notwendig ist, sollen Experten berechnen. Das Gesetz umfasst die Stärkung kommunaler Strukturen, der Zivilgesellschaft und der politischen Bildung. Hinzu kommen bundesweite Sensibilisierungs- und Aufklärungskampagnen sowie flächendeckende mobile Beratungskapazitäten. Dafür setzen wir mindestens 0,5 Prozent des Bruttoinlandprodukts (BIP) an. Demokratieförderung wird als eigenständiger Aspekt im Gemeinnützigkeitsrecht verankert.

3) Soziale und pädagogische Fürsorge schaffen: Jenseits befristeter 'Projektitis' bedarf es dringend einer Bildungs- und Strukturoffensive für schulische und außerschulische Sozialarbeit sowie für politische Bildung. Mit den erheblich gestiegenen Anforderungen und Herausforderungen müssen auch die Ressourcen erheblich ansteigen – und zwar unbefristet, damit Menschen, die Expertise aufbauen und sich in schwierige Bereiche begeben, dafür die notwendige Anerkennung und Sicherheit erfahren.

4) Wissen schaffen: Mit diesem Ziel muss die Erforschung von Rechtsextremismus und Hasskriminalität, von Radikalisierungsprozessen und gruppenbezogener Menschenfeindlichkeit institutionalisiert werden – durch ein wissenschaftliches Bundesinstitut zum Schutz der Verfassung sowie durch eine regelmäßige Berichterstattung über die Forschungsergebnisse durch sachverständige Expert*innen.

5) Ausbau des Schutzes für Opfer von Rechtsextremismus: Es muss ein ausreichender Fonds für Opfer von Bedrohungen und Hasskampagnen im Internet eingerichtet werden, um anfallende Kosten zu kompensieren. Deutschland darf die Betroffenen nicht alleinlassen! Zivilgesellschaftliche Akteure müssen unterstützt werden, damit sie Gegenöffentlichkeiten schaffen können. Und die Medienkompetenz der Bürger im Umgang mit Hass im Netz muss in der Breite gefördert werden. Um die Menschen effektiv zu schützen, brauchen wir außerdem Sicherheitspartnerschaften vor Ort, bestehend aus Polizei, Justiz und Zivilgesellschaft. Außerdem brauchen die Staatsanwaltschaften flächendeckend mehr Personal, um ihrer Arbeit nachkommen zu können.

Die Vielfalt der Gesellschaft sichtbar machen

6) Gesetzliche Verankerung von Antidiskriminierungsbeauftragten, analog zu Gleichstellungsbeauftragten und Diversity-Leitbildern in allen Behörden: Wir müssen Verantwortungsträger, insbesondere auch die Verwaltungsspitzen schulen, um Vorformen und Phänomene des Rechtsextremismus zu erkennen. Die Teilnahme an Weiterbildungen in diesem Bereich muss verpflichtend sein und sich positiv auf Beförderungen auswirken. Da, wo es notwendig ist, muss das Dienstrecht verschärft werden. Der Antidiskriminierungsschutz muss durch eine umfassende Reform des Allgemeinen Gleichbehandlungsgesetzes ausgebaut werden. Die Repräsentanz von Menschen mit Einwanderungsgeschichte, aber auch solchen mit ostdeutschen Biografien muss im öffentlichen Dienst gemäß ihrem Bevölkerungsanteil endlich verbindlich gefördert und festgeschrieben werden. Das Gleiche gilt für die Besetzung von Gremien. Die Vielfalt der Gesellschaft muss sichtbar sein und ihren Einfluss ausüben können.

7) Es braucht einen institutionellen Dialog zwischen Wissenschaft und Wirtschaft, Zivilgesellschaft und Medien, insbesondere dem öffentlich-rechtlichen Rundfunk, über den richtigen Umgang mit menschenfeindlichen Positionen in der Öffentlichkeit. Zudem ist ein struktureller Austausch zwischen Wissenschaft, Zivilgesellschaft und Sicherheitsbehörden, zwischen Staatsschutz, Politik und Justiz nötig, um die Strategien gegen Rechtsextremismus weiterzuentwickeln. Neben entsprechend kommentierenden Kapiteln innerhalb der Berichte des Verfassungsschutzes braucht es zudem eine Intensivierung interdisziplinärer Kooperationen und Sicherheitspartnerschaften, auch bei Polizei und im Strafvollzug.

8) Wir brauchen Schwerpunktstaatsanwaltschaften, die sich allein dem Rechtsextremismus widmen: Diese müssen mit adäquatem Personal ausgestattet werden, insbesondere damit die Verfahren beschleunigt werden. Volksverhetzungs- und Strafverschärfungsparagrafen müssen konsequenter angewandt werden.

9) Ausweitung für Whistleblower-Mechanismen, inklusive Schutzmaßnahmen innerhalb von Sicherheitsbehörden, ebenso ein verpflichtendes Mindestmaß an Diversity – mit dem Ziel, Gruppendenken innerhalb von Institutionen zu überwinden. Mit diesem Ziel müssen die Angehörigen von Sicherheitsbehörden mit Blick auf das Prinzip der inneren Führung geschult werden. Und analog zur parlamentarischen Kontrollkommission für die Verfassungsschutzbehörden soll auch die Polizei parlamentarisch kontrolliert werden.

10) Eine zügige Evaluierung, was aus den unzähligen Empfehlungen der Untersuchungsausschüsse zum NSU geworden ist. Umsetzungsdefizite müssen umgehend nachgeholt werden.

11) Transparenz schaffen: durch einen Sachverständigenrat zur demokratischen Entwicklung – dieser beschreibt regelmäßig die Qualität der Demokratie sowie die Einstellung der Bevölkerung zur Demokratie, schließt Forschungslücken, insbesondere im Bereich struktureller Rassismus, und schlägt Maßnahmen vor, inklusive Schätzung der tatsächlichen finanziellen Bedarfe.

12) Ausbau von neuen demokratischen Beteiligungsformen: Es sollten Bürgerräte, Losverfahren und temporäre Quoten für benachteiligte Bevölkerungsgruppen geschaffen werden, um neue Narrative gegen "Entdemokratisierungstendenzen" zu etablieren. Ebenso wichtig ist, wirksame Transparenzregeln gegen Lobbyismus zu verschärfen und einen nationalen Wohlfahrtsindex als Maßstab zur Beurteilung der Entwicklung der Lebensqualität in Gesamtdeutschland zu etablieren (statt sich auf das BIP zu fixieren).

Gebetsmühlenartig wird nach jedem Anschlag wiederholt, dass nun eine Zäsur erfolgt. Wir plädieren stattdessen dafür, dass es einen gemeinsamen ressortübergreifenden föderalen Masterplan gegen Rechtsextremismus geben sollte unter Einbeziehung von Zivilgesellschaft und Wissenschaft, der kontinuierlich überprüft und verbessert wird. Entscheidend ist dabei auch der Blick darauf, in welchem rassistischen Gesellschaftsklima der Rechtsextremismus gedeiht. Das Wissen darum steht leider vielerorts am Anfang. Lasst uns gemeinsam aufklären und gegenhalten. Niemand wird geboren, um andere Menschen wegen ihrer Hautfarbe, Religion, Kultur oder persönlichen Lebensplanung zu hassen. Menschen lernen zu hassen – und wenn sie Hass lernen können, dann kann man ihnen auch Nächstenliebe und Respekt für den oder die andere beibringen.

https://www.zeit.de/politik/deutschland/2020-02/verfassungsschutz-masterplan-rechtsextremismus-nationalismus/komplettansicht 24.02.2020

Anhang 3

Deutscher Bundestag Drucksache 18/7553 18. Wahlperiode17.02.2016

„Demokratie stärken – Dem Hass keine Chance geben“

Der Deutsche Bundestag fordert die Bundesregierung auf, in Kooperation mit den Ländern und der Zivilgesellschaft ein Maßnahmenpaket gegen die Bedrohung durch Rassismus, Hetze und Gewalt umzusetzen. Es soll insbesondere **folgende Eckpunkte** umfassen:

(vollständiger Text 1. bis 10. : siehe Drucksache 18/7553)

1. Rassismus und Menschenfeindlichkeit gemeinsam entgegentreten

2. Förderung zivilgesellschaftlicher Arbeit

3. Vermittlung der Werte und der Chancen, die eine offene, vielfältige Gesellschaft bietet

4. Regelmäßige und umfassende Lagebilder zu rechten Straftaten

5. Zivilgesellschaftliches Engagement schützen

6. Die rechte Gefahr frühzeitig erkennen und bekämpfen

7. Hass und Hetze im Netz entgegentreten

8. Hassdelikte konsequenter bekämpfen

9. Rechtsstaatlich konsequent gegen rechte Gewalt

10. Interkulturelle und Diversity-Kompetenz in Behörden, Institutionen und Bildungseinrichtungen stärken

Berlin, den 16. Februar 2016,
Katrin Göring-Eckardt, Dr. Anton Hofreiter und Fraktion BÜNDNIS 90/DIE GRÜNEN

14. QUELLEN

„Demokratie", Bertelsmann-Stiftung 20

Deutscher Bundestag Drucksache 18/7553 18. Wahlperiode17. 02. 2016

Dörre, Klaus, Nancy Fraser, Stephan Lessenich und Hartmut Rosa. „ Was stimmt nicht mit der Demokratie?" suhrkamp taschenbuch wissenschaft, 12. August 2019

Fukuyama, Francis, Identität: Wie der Verlust der Würde unsere Demokratie gefährdet, Hoffman und Campe, Februar 2019

Kazim, Hasnain, „Auf sie mit Gebrüll!: … und mit guten Argumenten. Wie man Pöblern und Populisten Paroli bietet", Penguin Verlag, 10. Februar 2020

Krake, Michael „Der Riss: Wie die Radikalisierung im Osten unser Zusammenleben zerstört" Ullstein Buchverlage, 28.02.2020

Kohl, Walter, „Welche Zukunft wollen wir- mein Plädoyer für eine Politik von morgen", Verlag Herder, 1.Auflage 2020

https://www.zeit.de/politik/deutschland/2020-02/verfassungsschutz-masterplan-rechtsextremismus-nationalismus/komplettansicht, 24.02.2020

https://www.spiegel.de/politik/deutschland/

https://magazin.spiegel.de/SP/2020/11/169828737/index.html